FUNDAÇÃO DE AMPARO À PESQUISA DE MATO GROSSO

FAPEMAT

UNIVERSIDADE FEDERAL DE MATO GROSSO – UFMT

FACULDADE DE ECONOMIA – FE

I0492675

MERCADO LEITEIRO DE MATO GROSSO

DILAMAR DALLEMOLE

GLADISTONE SOARES LOPES DA SILVA

ARTURO ALEJANDRO ZAVALA ZAVALA

2018

DALLEMOLE, Dilamar; SILVA, Gladistone Soares
Lopes da; ZAVALA, Arturo Alejandro Zavala.
Mercado Leiteiro de Mato Grosso. Cuiabá:
FAPEMAT, 2018. 90 p.

ISBN-13: 978-1724441317
ISBN-10: 1724441310

1. Pecuária Leiteira 2. Fatores de Produção 3.
Mercado 4. Alto Paraguai-MT, Brasil

CDD - 330

SUMÁRIO

1. INTRODUÇÃO

A pecuária leiteira, no Brasil, é considerada uma atividade de significativa importância para a socioeconomia, por gerar renda e criar condições para que muitas famílias mantenham níveis de consumo satisfatórios. Além disso, o leite é um dos alimentos bases para a seguridade alimentar e, juntamente com seus derivados, compõem uma gama diversa de produtos consumidos ao longo do território nacional. Tal condição estimula ações no sentido de tornar a atividade ainda mais eficiente, muito também para melhorar a qualidade de vida desses produtores, principais agentes do processo. No caso de Mato Grosso, o aumento da produção ainda contribuiria para a diminuição do déficit produtivo, algo que também agregaria efeitos positivos aos consumidores locais.

Uma forma ótima de aproveitamento dos fatores de produção permitiria aos produtores de leite de Mato Grosso melhorar seus ganhos e, com isso, proporcionar melhor qualidade de vida para suas famílias. Contudo, delimitar os principais fatores de mercado que interferem na produção, bem como os limitadores dentro da porteira, são questões complexas e de difícil elucidação por parte desses agentes. A utilização correta dos fatores de produção influencia diretamente nos índices de produtividade e rentabilidade, de acordo com as estratégias operacionais escolhidas. Em nível de produção leiteira, a baixa produtividade associada a baixos rendimentos ocorre porque muitas tecnologias não foram implementadas, no sentido de minimizar efeitos provocados pelas limitações do sistema produtivo ou do mercado.

A definição e escolha de tecnologias e estratégias não é tarefa, muitas vezes, simples que possa ser definida apenas pela experiência dos produtores de leite. Os responsáveis pelas propriedades leiteiras precisam considerar ferramentas básicas de gestão que permitirão aumentar a produção, melhorar os índices de desempenho, aumentar os lucros e diminuir os custos. Dessa forma, o resultado apresentado tende a ser melhor e, também, pode ser replicado em pequenas, médias e grandes propriedades, que possuem um perfil de administração familiar, com a menor dificuldade de adaptação possível.

O aumento da produção é considerado um fator positivo sob todos os aspectos e depende, primordialmente, da eficiência dentro da porteira. Neste contexto, uma avaliação da estrutura produtiva, bem como do mercado, pode auxiliar no desenvolvimento da cadeia produtiva do leite de Mato Grosso. Dentre todas as regiões produtoras do estado, uma requer atenção especial: a do Aglomerado Produtivo do Alto Paraguai, cuja base territorial circunda os municípios de Arenápolis, Denise, Nova Olímpia, Tangará da Serra, Santo Afonso e Alto Paraguai, com gestão do antigo Programa de Desenvolvimento Regional (MT REGIONAL), desde 2007. Dados disponibilizados pelo referido programa apontam um público alvo de, aproximadamente, 650 produtores de leite apoiados pela iniciativa.

O fomento a aglomerados produtivos foi uma das principais iniciativas do Governo de Mato Grosso em 2003, com a adesão ao Grupo de Trabalho do Ministério de Desenvolvimento, Indústria e Comércio (GTP-APL-MDIC), que visa estimular a consolidação de aglomerados produtivos, em nível nacional. Desde então, todas as atividades com tais características passaram a ter prioridades, além de mecanismos de incentivo específicos e uma instituição gestora oficial.

Neste caso, trata-se de uma região beneficiada com aporte técnico e financeiro ao longo da última década, o que a torna representativa para a atividade produtiva em questão. Espera-se que estes produtores tenham melhores condições de desenvolver a competência para internalizar os desafios e a capacidade de absorver as tendências negativas enfrentadas pelo setor, em Mato Grosso. Trata-se, justamente, de uma das principais reflexões propostas neste estudo, focada em determinar qual a atual condição socioeconômica dos produtores de leite do aglomerado produtivo de Alto Paraguai. Questiona-se também, se as políticas econômicas dispostas conseguiram melhorar a eficiência produtiva e, consequentemente, os indicadores da atividade leiteira mato-grossense.

Destarte, este estudo pretende realizar uma análise detalhada acerca dos elementos responsáveis pelo desenvolvimento dos segmentos de leite e derivados em Mato Grosso, considerando os aspectos relevantes do mercado em contraposição a (in)eficiência produtiva dentro da porteira. O objetivo central compreende na determinação dos principais condicionantes do mercado de leite em contraposição a capacidade produtiva da pecuária leiteira, com ênfase à Bacia Leiteira do Alto Paraguai.

Especificamente, no primeiro capítulo, far-se-á uma análise dos principais condicionantes do mercado, ou seja, quais são os elementos que mais influenciam no consumo e na produção de leite, dada as principais categorias de análise, como produção, preço, renda, consumo, rebanho e população, dentre outros. Em seguida, realiza-se o diagnóstico da pecuária leiteira para determinar as limitações individuais e, consequentemente, regionais da produção de leite, avaliando a estrutura produtiva local, por meio da determinação dos principais fatores relacionados à atividade. Por fim, no último capítulo segue o modelo de planejamento estratégico e suas limitações quanto a eficiência e possibilidades de crescimento do setor.

A base empírica empregada, para a sobreposição das etapas sugeridas, considera o modelo de análise com Dados em Painel, na delimitação dos condicionantes do mercado. Para o diagnóstico da produção leiteira, a realização da pesquisa *in loco* subsidiará o emprego da Análise Fatorial, por meio da qual determinam-se os fatores que, associados às tradicionais estruturas de custo, permitem estabelecer níveis de eficiência da atividade no estado. Em paralelo, o *Balanced ScoreCard* fornecerá um panorama complementar em relação às limitações, além dos indicadores capazes de promover o desenvolvimento da pecuária leiteira em Mato Grosso.

2. CONDICIONANTES DA OFERTA E CONSUMO DE LEITE EM MATO GROSSO

A produção leiteira de Mato Grosso é considerada uma atividade com maior destaque entre as pequenas propriedades e, muitas vezes, configura-se na principal fonte de renda das famílias; contudo, também é identificada em propriedades maiores como atividade complementar. Uma das explicações mais coerentes sobre esse comportamento está relacionada ao fato da produção de leite ser uma atividade adaptável a diferentes condições socioeconômicas e ecológicas, característica que a torna viável em diferentes escalas e/ou sistemas produtivos.

Entretanto, o volume produzido nem sempre apresenta crescimento anual constante e/ou significativo em todas as regiões de Mato Grosso, mas períodos de alta e de queda (sazonalidade). Em parte, isso ocorre devido à rentabilidade proporcionada por outras atividades, como a produção de soja, pela pecuária de corte, ou pela incapacidade de adequar-se à escala ou exigências técnicas impostas pela indústria. São fatores atrelados à lentidão da tecnificação, do melhoramento genético e da nutrição animal dentro da porteira, que entravam o substancial crescimento da atividade no estado.

Ademais, os produtores tencionam adequar o manejo às particularidades da sua propriedade que, muitas vezes, apresenta um *trade off* desfavorável em relação à outras atividades. Aspectos como o tamanho da área, mão-de-obra e equipamentos disponíveis, bem como o preço recebido e a genética animal, limitam em parte o crescimento da atividade ou a fazem figurar como complementar de renda. Tais condições se reforçam no sentido de que não há um controle adequado dos fluxos de entradas e saídas dentro da porteira. A maioria dos produtores não possui uma planilha de custo correta, ou mesmo, nem realizam qualquer tipo de cálculo que, pelo menos, considere os efeitos da sazonalidade ou o custo benefício em relação à outras atividades.

A principal dificuldade está relacionada ao cálculo dos custos variáveis, que envolve aspectos relacionados à alimentação (rações e farelos diversos, minerais, dentre outros), à sanidade animal (medicamentos para prevenção ou cura de doenças ou parasitas, químicos utilizados na assepsia dos equipamentos, animais e sala de ordenha), além dos custos com inseminação, fertilizantes, sementes, eletricidade, combustível e manutenção em geral. Não obstante a essa questão, a estimativa do custo de oportunidade é limitada e ambos acabam por iludir o produtor, fazendo com que, em alguns casos, a atividade leiteira apenas se reproduza de modo constante.

O fato de a grande maioria dos produtores não possuírem uma estrutura de custos detalhada e correta, com avaliação periódica da rentabilidade e do retorno financeiro da atividade, somada a demanda insatisfeita do mercado, pressionam ainda mais a estrutura produtiva em períodos sazonais. Com preços mais elevados pagos na entressafra, tende a ocorrer uma distorção na memória de cálculo e na visão acerca da eficiência econômica da produção de leite, por parte do produtor.

Destarte, esta etapa pretende realizar a delimitação e avaliação dos principais fatores responsáveis pelo desenvolvimento da pecuária leiteira de Mato Grosso, com base em aspectos relevantes do mercado. O objetivo central compreende na determinação dos principais condicionantes da produção de leite e do consumo de laticínios, dada as principais categorias de análise, como produção, preço, renda, consumo, rebanho bovino, vacas ordenhadas, emprego do setor, tecnologia, produtividade e população municipal.

A metodologia empregada, para a determinação dos condicionantes de mercado, considera o modelo de análise com Dados em Painel, composto por um grupo de unidades seccionais que se observam ao longo do tempo. A metodologia permite avaliar o comportamento de determinados sistemas produtivos ou mercados específicos, ao determinar quais categorias são importantes e influenciam de forma significativa a produção e o consumo.

A delimitação desses condicionantes justifica-se pelo fato do leite ser considerado um dos principais alimentos relativos à seguridade alimentar, se observados os aspectos nutricionais e sua cadeia produtiva supranacional, devidamente estabelecida. Destaca-se ainda, a importância da pecuária leiteira para a socioeconomia familiar, ao gerar renda e dar condições para que muitas famílias mantenham níveis de consumo satisfatórios. Entender como é possível tornar a pecuária leiteira mais eficiente é fundamental para a melhoria na qualidade de vida dos produtores, principais agentes do processo, assim como, diminuir o déficit produtivo no mercado.

2.1. Aspectos Teóricos e Metodológicos

Considera-se o fato de que toda categoria econômica possui uma conduta específica: impacta ao mesmo tempo em que é sensitiva às alterações de mercado. Em um primeiro momento, prima-se pelo entendimento destes comportamentos para, em seguida, explicar a influência no contexto do processo produtivo como um todo. É necessário que a análise seja dinâmica e considere que as categorias não estejam dissociadas umas das outras. Uma alteração no preço, por exemplo, tende a provocar alterações nos níveis de consumo e, consequentemente, na produção, que também pode ser impactada pelo aumento da demanda, motivada pelo simples aumento do número de consumidores.

As discussões acerca do comportamento do consumo foram desenvolvidas, na década de 1950, por Milton Friedman (Teoria do Consumo da Renda Permanente) e por Franco Modigliani (Teoria do Consumo e do Ciclo de Vida). De acordo com esses autores, o consumo é uma função crescente da riqueza total e, também, uma função crescente da renda. Sobre este aspecto, o consumo tende a variar em virtude das flutuações da renda atual, ou seja, a renda constitui o principal determinante do consumo agregado: quanto maior a renda, maior tende a ser o consumo (BLANCHARD, 2011).

Qualquer que seja a forma de motivação, o aumento do consumo passa a ser determinante na alteração da oferta. Contudo, as variações nem sempre são semelhantes se observadas as características dos produtos. Em caso de um bem substituto, um aumento na renda pode implicar em queda no consumo, pois haverá substituição por um bem superior. Isso pode acontecer também em virtude do aumento no seu preço, pois o mesmo pode ser substituído por outro mais barato (PINDYCK e RUBINFELD, 2010). Neste caso, o aumento da renda e do preço não estimulam o aumento da oferta deste bem, tendência natural da maioria dos produtos.

Quando se trata de um bem complementar, uma ampliação nos níveis de renda pode acarretar em aumento no consumo que, por sua vez, pode impulsionar o aumento na sua oferta, comportamento que pode acontecer complementarmente ao outro bem associado. Entretanto, caso haja aumento no seu preço, o efeito tende a ser inverso e pode se estender aos demais bens complementares (PINDYCK e RUBINFELD, 2010). Entretanto, em uma economia globalizada, com mercados cada vez mais competitivos, o aumento necessário dos lucros pode ocorrer não em virtude do aumento de preços, mas pela diminuição dos custos. Em casos específicos, o aumento dos preços pode acarretar em perda de competitividade em mercados menores de concorrência perfeita ou pouco diferenciados. Tratam-se de ocasiões em que as inovações tecnológicas são tidas como importantes fatores de lucratividade.

A geração de tecnologia possui paradigmas marcados pelas oportunidades tecnológicas e alguns procedimentos básicos de como explorá-las; elementos que variam de acordo com o setor e o seu grau de desenvolvimento. O potencial de aproveitamento decorre da cumulatividade das competências tecnológicas adquiridas. Se estes procedimentos ocorrerem de maneira eficaz, aumentam as possibilidades de se atingir a fronteira tecnológica (CARIO, 1995).

Essa capacitação tecnológica é capaz de fazer um setor produtivo tornar-se competitivo e não está relacionada somente ao maquinário. A difusão tecnológica e os investimentos devem contemplar o capital humano, com melhorias do sistema educacional, para que os experimentos tecnológicos sejam bem-sucedidos. Isto significa ampliar gastos em P&D, em relação ao estoque de conhecimentos e pessoal qualificado (GUIMARÃES, 2001).

Especificamente, no caso da produção agropecuária, a tecnologia pode ser o diferencial na produtividade. O incremento da produção por área significa aumento de renda e, por consequência, de lucros. Em muitos casos, a tecnologia ainda é responsável pela redução nos custos de produção agropecuária, fato este que estabelece uma segunda via, atuando também como um determinante da produção. Ainda, o emprego da tecnologia pode ser fundamental na determinação da qualidade dos produtos, fator tão importante quanto o preço em mercados diferenciados. Contudo, são necessários investimentos quase sempre vultuosos, baseados em expectativas futuras, que dependem do consumo e da renda, os quais podem ser influenciados pelo mercado ou outros fatores, como por exemplo, o crescimento gradual da população.

O crescimento da população está diretamente atrelado ao crescimento e ao desenvolvimento econômico. Malthus (1996) defendia que o crescimento das nações está relacionado ao crescimento da população até um ponto onde se tornava insustentável. Suas contribuições são importantes pontos de reflexão no sentido de registrar que o crescimento desordenado acarretaria na falta de recursos alimentícios para a população, cuja principal consequência seria a fome. Com a Revolução Industrial as contribuições de Malthus perderam significância, pois a renda se elevava juntamente com a qualidade de vida das pessoas. Entretanto, as questões de sustentabilidade estão novamente à frente das principais pautas desenvolvimentistas, um fato que reascende as considerações malthusianas. Independentemente de qual seja a base teórica, é sabido que há uma relação positiva entre crescimento econômico e crescimento demográfico; o que ainda não se tem certeza é até que ponto/quando isso é sustentável.

De modo geral, há uma relação direta ou indireta da produção com o consumo, preço, tecnologia, renda e crescimento populacional. Sob alguns aspectos ela é positiva, como no caso do consumo, em que seu aumento estimula o acréscimo da produção. Condicionam-se à tais relações as principais variações nos níveis de produção da grande maioria das *commodities*, fatos que o modelo de *"Panel Data"* habilita-se a identificar.

Os estudos com Dados em Painel apresentam um horizonte significativamente amplo, considerando a dinamicidade do modelo e a facilidade de adaptação do mesmo as mais diversas temáticas socioeconômicas. De acordo com Hill, Griffiths e Lim (2012), a utilização de painéis de dados permite contabilizar ou ter em linha de conta as diferenças entre regiões, isto é, permite apreciar a heterogeneidade e desta captar uma tendência para determinado mercado ou setor.

Os painéis de dados tendem a alongarem-se, a ponto de permitir que fatores dinâmicos importantes, em diversos mercados, possam ser estudados. Neste caso, considera-se a produção e seu valor, o consumo, o preço, o PIB, a população e uma variável *Trend* para captar efeitos de um provável avanço tecnológico para o segmento produtivo do leite.

A modelagem com Dados em Painel apresenta vantagens sobre os estudos convencionais de séries temporais, tais como: aumento do número de pontos observados; elevação dos graus de liberdade; redução da multicolinearidade entre as variáveis explicativas; maior eficiência das estimativas, sendo mais adequado a estudos com mudanças dinâmicas. Em síntese, permite a identificação de parâmetros sem que sejam necessárias suposições restritivas aos mesmos (GREENE, 2003).

Um painel de dados é composto por um grupo de unidades seccionais que se observam ao longo do tempo e permite avaliar o comportamento de determinados sistemas produtivos ou mercados específicos. Para este estudo especificamente, a aplicação do modelo proposto compilará informações relativas ao comportamento do mercado leiteiro, no período de 1998 a 2012, relacionando todos os municípios de Mato Grosso, no intuito de delimitar os condicionantes da produção de leite e do consumo de laticínios.

Outra questão interessante, relacionada aos dados em painel, diz respeito à estimação de modelos econométricos que descrevem o comportamento dos indivíduos ao longo do tempo. Este tipo de dados permite controlar ou ter na devida conta as diferenças entre locais, estudar a dinâmica do ajustamento e medir outros efeitos, como as alterações tecnológicas. Para cada tipo de dados deve-se ter em atenção, não apenas as hipóteses que afetam os erros aleatórios do modelo, mas também as hipóteses acerca do se, como e quando os parâmetros devem mudar entre os indivíduos e entre os vários períodos temporais (HILL, GRIFFITHS e LIM, 2012).

De acordo com Hsiao (2003) e Klevmarken (1989) estudos com base em dados em painel permitem: *i)* controlar a heterogeneidade ou diferenças entre os países, *ii)* tratar maior quantidade de informação, maior variabilidade, menor colinearidade entre variáveis, maior número de graus de liberdade e mais eficiência, *iii)* estudar a dinâmica de ajustamento ao longo do tempo, *iv)* ter maior capacidade para identificar e medir os efeitos puramente seccionais (*cross-section*) ou puramente cronológicos não detectados, *v)* construir e testar modelos comportamentais mais complicados do que os *cross-section* ou *time-series* puros, *vii)* reduzir ou eliminar o viés resultante da agregação de dados e *viii)* possuírem maiores crônicas e distinguirem o problema de distribuições não *standard* típicas dos testes de raízes unitárias na análise cronológica, os testes de raízes unitárias com dados de painel têm distribuições assintóticas estandardizadas.

Por outro lado, os obstáculos ou desvantagens dos modelos com dados em painel estão relacionados com: *i)* as limitações decorrentes do design e da disponibilidade de dados, *ii)* os erros de medida distorcidos, *iii)* os problemas de seletividade, *iv)* as dimensões temporais por vezes curtas e *v)* a dependência seccional ou '*cross-section*' (HILL, GRIFFITTHS E LIM, 2012).

O modelo de Dados em Painel, em sua primeira etapa, requer a escolha entre os modelos de estimação, considerando os objetivos propostos e a base de dados empregada. De acordo com Marques,

> [...] se o que se pretende é efectuar inferência relativamente a uma população, a partir de uma amostra aleatória da mesma, os efeitos aleatórios serão a escolha apropriada. Se se pretende estudar o comportamento de uma unidade individual em concreto, então os efeitos fixos são a escolha óbvia na medida em que é indiferente considerar-se a amostra como aleatória ou não [...] (MARQUES, 2012, p.21).

Os efeitos fixos são variáveis omitidas que variam entre os indivíduos, mas não ao longo do tempo (STOCK e WATSON, 2006). Como os efeitos fixos são constantes no decorrer do tempo, a influência desses efeitos é eliminada ao se fazer uma comparação entre períodos (modelo em diferenças), no qual apenas os fatores que variam entre períodos para explicar a variável dependente são considerados. De acordo com Loureiro e Costa (2009), o estimador de *between* torna-se adequado, pois leva em consideração somente a variação entre as unidades observacionais. Pode ser estimado da seguinte forma:

$$\bar{y}_i = \bar{x}_i \beta + c_i + \bar{\varepsilon}_i$$

Entretanto, o modelo de efeitos fixos pretende controlar, justamente, o efeito destas variáveis omitidas, que variam entre indivíduos ou países e permanecem constantes ao longo do tempo. Supõe-se que as intersecções variam de país para país, mas são constantes ao longo do tempo. Stock e Watson (2006), para eliminar a multicolinearidade entre países, sugerem a estimação do seguinte modelo:

$$y_{it} = \alpha_i + \beta_1 x_{1it} + \beta_2 x_{2it} + \cdots + \beta_k x_{kit} + u_{it}$$

em que:

i = 1,2,...,7;

t = 1998, ..., 2012.

O modelo de efeitos fixos, em parte, permite a existência de correlação entre os efeitos individuais não-observados com as variáveis incluídas, contudo, se os efeitos forem estritamente não-correlacionados com as variáveis explicativas, o modelo de efeitos aleatórios torna-se mais adequado. Recomenda-se o uso de Mínimos Quadrados Generalizados (MQG) para minimizar os possíveis problemas de autocorrelação. De acordo com Stock e Watson (2006), a estimação é feita introduzindo a heterogeneidade dos indivíduos no termo de erro:

$$Y_{it} = a + bX_{it} + (n_i + u_{it})$$

em que: η_i representa o efeito aleatório individual não observável.

O processo de escolha entre os modelos pode ser suportado pelo Teste de Hausman, que se baseia na "comparação dos parâmetros estimados pelas duas especificações, tendo como hipótese nula a indicação para utilização do modelo de estimação com efeitos aleatórios", ou seja, quando a probabilidade de aceitação da hipótese nula for superior a 5% tem-se o indicativo de que o modelo de efeitos aleatórios é mais adequado, pois apresentará resultados mais consistentes. O Teste de Hausman é apresentado pela seguinte equação matemática:

$$W = \frac{(b_1 - \beta_1)^2}{[VAR(B_i) - VAR\beta_i]} \sim X^2_{(k)}$$

em que:

b_1 é o estimador de efeitos fixos;

β_1 o estimador de efeitos aleatórios.

Neste estudo, o modelo de Dados em Painel utiliza como variável dependente (ou explicada) a produção de leite (no primeiro momento) e o consumo de laticínios (no segundo momento), por meio das demais categorias consideradas independentes (ou explicativas): consumo, produção, preço, PIB, população, emprego, produtividade, vacas ordenhadas, valor da produção, dentre outros. Os erros estão sujeitos às seguintes hipóteses: *i)* valor médio nulo $E(u_{it}) = 0$, *ii)* homocedasticidade ou constância das variâncias $E = u^2_{it} = \sigma^2$, e *iii)* não correlação dos erros ao longo do tempo,

$E(u_{it}u_{jt+s})$. Os efeitos fixos deste modelo são medidos por um coeficiente por país que nos dá o desvio de cada país em relação à intersecção comum C.

Para a estimativa do modelo são utilizados dados disponíveis no Instituto Brasileiro de Geografia e Estatística (IBGE) e da Relação Anual de Informações Sociais (RAIS). Os parâmetros e testes são estimados por meio do software *Eviews* e *GretL*, com todas as categorias relacionadas, no intuito de obter os principais condicionantes da produção de leite e consumo de laticínios, cujos resultados foram compilados juntamente com a devida significância dos testes, discutidos na seção a seguir.

2.2. Condicionantes da Oferta e da Demanda de Leite

A compilação dos resultados em uma matriz foi realizada para facilitar a organização dos coeficientes gerados. A Tabela 1 expõe as informações suscitadas, que permitem fazer algumas inferências importantes em relação às categorias econômicas que influenciam no mercado leiteiro mato-grossense. Os resultados não apontam nenhuma categoria econômica como destaque no referido mercado e distribuem o nível de significância de forma equilibrada.

Em praticamente todos os eventos, a estatística descritiva atestou a significância do modelo com o R-Quadrado dentro dos parâmetros aceitáveis, assim como a estatística F e o valor da estatística de *Durbin-Watson*. Também se atestou a inexistência de correlação elevada, assim como multicolinearidade entre as variáveis utilizadas. O processo de escolha entre o modelo de efeitos fixos e o modelo de efeitos aleatórios foi determinado pelo Teste de Hausman, com probabilidade de aceitação da hipótese nula superior a 5% e o indicativo de que o modelo de efeitos aleatórios é mais adequado e apresenta resultados mais consistentes. Especificamente, no caso dos efeitos fixos, para a determinação dos condicionantes do consumo, o teste de efeitos redundantes não assegurou a significância do modelo, de modo que apenas os efeitos aleatórios puderam ser avaliados.

Em relação aos modelos selecionados, um determina quais categorias econômicas interferem na produção e outro determina a influência sobre o consumo. Neste caso, entre ambos os modelos, automaticamente uma categoria é determinante da outra e o nível de significância estabelece para cada uma delas seu devido grau de importância. Os resultados apontam que somente em uma situação, para o modelo de efeitos fixos, o consumo de laticínios (0.001595) é significativo. A correlação positiva indica que o incremento no consumo tende a impactar positivamente, estimulando o aumento da produção.

O consumo de laticínios em Mato Grosso passou de 111,4 em 2008 para 146,4 milhões de quilos em 2012; um aumento médio anual de aproximadamente 1,89%, como pode ser observado na Tabela 2. No período analisado, a média de consumo anual foi de 131,1 milhões de quilos e, de acordo com o painel de dados, apresenta influência sobre a produção de leite. Cabe ressaltar outro estudo de Dallemole *et al* (2014), cuja dependência do mercado local chegou a 42% em 2011, ou seja, quase a metade do consumo de laticínios foi suprido por leite e derivados de outros estados brasileiros.

Para a análise econométrica, identificou-se que o modelo de Dados em Painel apresentava autocorrelação, com coeficiente $\hat{\rho} = 0,71$. Também, se observou relativa heterogeneidade, motivo pelo qual o modelo teve de ser corrigido por:

$$Y_{it} = \alpha_i + \beta_1 Y_{it}^* + \beta_2 X_{it1} + \beta_3 X_{it2} + \beta_4 X_{it3} + \beta_5 X_{it4} + \beta_6 X_{it5} + \beta_7 X_{it6} + \beta_8 X_{it7} + \beta_9 X_{it8} + v_{it}$$

i = 1,2,..,7;

t = 1999, ..., 2012.

Sendo que:

$Y_{it} = \dfrac{\log(y_{it}) - \hat{\rho}\log(y_{(i-1)t})}{\sqrt{\hat{Y}_{it}}}$ que corresponde ao logaritmo da produção de leite ou ao logaritmo de consumo de laticínios;

$Y_{it}^* = \dfrac{\log(y_{it}^*) - \rho\log(y_{(i-1)t}^*)}{\sqrt{\hat{Y}_{it}}}$ que corresponde ao logaritmo do consumo de laticínios ou ao logaritmo da produção de leite;

$X_{it1} = \dfrac{x_{it1} - \hat{\rho}\,x_{(i-1)t1}}{\sqrt{\hat{Y}_{it}}}$ que corresponde ao preço do leite;

$X_{it2} = \dfrac{x_{it2} - \hat{\rho}\,x_{(i-1)t2}}{\sqrt{\hat{Y}_{it}}}$ que corresponde ao emprego no setor de laticínios;

$X_{it3} = \dfrac{x_{it3} - \hat{\rho}\,x_{(i-1)t3}}{\sqrt{\hat{Y}_{it}}}$ que corresponde à produtividade do leite;

$X_{it4} = \dfrac{x_{it4} - \hat{\rho}\,x_{(i-1)t4}}{\sqrt{\hat{Y}_{it}}}$ que corresponde ao número de vacas ordenhadas;

$X_{it5} = \dfrac{x_{it5} - \hat{\rho}\,x_{(i-1)t5}}{\sqrt{\hat{Y}_{it}}}$ que corresponde à quantidade de rebanho bovino;

$X_{it6} = \dfrac{x_{it6} - \hat{\rho}\,x_{(i-1)t6}}{\sqrt{\hat{Y}_{it}}}$ que corresponde ao valor da produção de leite;

$X_{it7} = \frac{x_{it7} - \hat{\rho}\, x_{(i-1)t7}}{\sqrt{\hat{Y}_{it}}}$ que corresponde à população municipal;

$X_{it8} = \frac{x_{it8} - \hat{\rho}\, x_{(i-1)t8}}{\sqrt{\hat{Y}_{it}}}$ que corresponde ao PIB *per capita*;

$v_{it} = \frac{e_{it} - \hat{\rho}\, e_{(i-1)t}}{\sqrt{\hat{Y}_{it}}}$ é o erro corrigido devido à autocorrelação.

Na presente análise foi aplicado o teste de Hausman, com o objetivo de identificar qual é o método que deve ser considerado para o presente estudo. Identificou-se que o teste resultou em $\chi^2_{(9)} = 57,6175$ e um valor de p-valor = 0,000000 para a produção de leite, o que indica que o melhor modelo é o de efeitos fixos. Em relação ao consumo, o teste resultou em $\chi^2_{(9)} = 140,688$ e um valor de p-valor = 0,000000, o que indica que o melhor modelo é o de efeitos fixos. Os resultados são apresentados na Tabela 1, tanto para a produção de leite quanto para o consumo de laticínios.

Os preços não possuem impactos significativos sobre a produção de leite, como pode ser observado na Tabela 1. Por outro lado, tanto para o modelo de efeitos fixos (- 0,0423716) quanto para o modelo de efeitos aleatórios (- 0,0409829), os preços influenciam significativamente na determinação dos índices de consumo de laticínios em Mato Grosso. A correlação negativa também está de acordo com o que atesta a Teoria Econômica, ou seja, que uma queda nos preços tende a estimular o consumo que, por sua vez, estimularia a produção de leite, como já mencionado. Em um mercado cujos preços do leite e seus derivados são elevados, como é o caso do mato-grossense, uma condição mais favorável poderia contribuir de forma substancial para o crescimento da pecuária leiteira.

Tabela 1. Resultados para Produção e Consumo de Laticínios, 1999 a 2012, significativo a 5%.

NOTAÇÃO	PRODUÇÃO DE LEITE		CONSUMO LATICÍNIOS	
	Fixo	Aleatório	Fixo	Aleatório
Intercepto C	1,62372	1,59549	0,976152	0,956248
Produção de Leite	N/A	N/A	N/S	N/S
Consumo de Laticínios	0,146737	0,162110	N/A	0,0433466
Preço do Leite	N/S	N/S	- 0,0423716	- 0,0409829
Emprego do Setor	N/S	N/S	N/S	N/S
Produtividade	0,000514492	0,00053244	- 0.0000833	- 0,0000841
Vacas Ordenhadas	0,00012045	0,00012534	- 0,0000137	- 0,0000146
Rebanho bovino	0,00000098	0,000000727	- 0,0000006	- 0,0000003
Valor da Produção	0,000000017	0,000000020	N/S	N/S
População Municipal	N/S	N/S	0.0000189	0.0000125
PIB *per capita*	N/S	N/S	-0,0000023	- 0,0000023
Conjunto Regressores				
Estatística F	88,8821	N/A	19,3857	N/A
Probabilidade (F)	0,000000	N/A	0,000000	N/A
Qui-Quad. Assintótico	N/A	1086,2	N/A	177,458
Prob. (Qui-Quadrado)	N/A	0,000000	N/A	0,0000000
Critérios de Informação				
Akaike	−3389,217	−2469,965	−7676,283	−4481,416
Scwharz	−2551,044	−2414,086	−6838,110	−4425,537
Hannan-Quinn	−3081,254	−2449,434	−7368,320	−4460,885
Hausman Prob. (χ^2)				
Estatística Qui-quadrado	N/A	57,6175	N/A	140,688
Prob. (Qui-Quadrado)	N/A	0,0000000	N/A	0,0000000

Fonte: Elaborado pelos autores. Legenda: N/S = Não Significativo N/A = Não Aplicável.

Também, pode-se observar que a empregabilidade no setor não afeta a produção e o consumo de leite e derivados (Tabela 1). Isso pode ocorrer devido ao fato de os produtores estarem sofisticando sua produção com máquinas e equipamentos que não requerem muita mão-de-obra. Outros fatores que afetam tanto a produção de leite quanto o consumo são: a produtividade, o número de vacas ordenhadas e o rebanho bovino, importantes para a ampliação da oferta e demanda de leite e derivados.

Em relação ao consumo de laticínios, foram significativas as variáveis População Municipal e PIB *per capita*, já que esses dois fatores são demandantes; a explicação mais coerente é que estejam relacionados com o consumo. Os dados expostos na Tabela 2 apontam um crescimento médio de 1,8% no consumo de leite e derivados no período de 1998 a 2012.

Tabela 2. Consumo de Laticínios em Mato Grosso (Kg/Milhões).

ANO	CONSUMO	ANO	CONSUMO	ANO	CONSUMO
1998	111,4	2003	126,9	2008	139,1
1999	118,6	2004	129,4	2009	141,1
2000	121,1	2005	131,7	2010	142,5
2001	121,8	2006	134,2	2011	144,5
2002	124,3	2007	134,1	2012	146,4
TGC	**1,8%**	**MÉDIA**	**131,1**	**TOTAL**	**1.967**

Fonte: IBGE, 2016.

Apesar dos preços elevados para leite e derivados no varejo, dentro da porteira os preços não acompanham essa tendência. Pelo contrário, no período estudado ocorreu uma redução média de 1,3% nos preços, como pode ser observado na Tabela 3. A significância atestada para os preços pelo modelo indica que a correlação é negativa, ou seja, que para haver aumento no consumo, os preços deveriam baixar ainda mais, um fator preocupante para o setor produtivo de leite em Mato Grosso.

Esta condição desfavorável em relação aos preços, elevados no varejo e decrescentes quando pagos ao produtor, necessita de alguma compensação, por meio do aumento de produtividade ou diminuição dos custos de produção para não comprometer ainda mais a atividade dentro da porteira. O painel de dados identifica que a produtividade é significativa, tanto para efeitos fixos (0,000514492) quanto para efeitos aleatórios (0,000532444), com a devida correlação positiva, ou seja, ganhos de produtividade contribuem para o aumento da produção de leite.

Tabela 3. Preço Médio do Leite em Mato Grosso (R$/L).

ANO	PREÇO	ANO	PREÇO	ANO	PREÇO
1998	1,05	2003	0,85	2008	0,86
1999	1,01	2004	0,96	2009	0,85
2000	0,93	2005	0,94	2010	0,83
2001	0,97	2006	0,89	2011	0,84
2002	0,85	2007	0,87	2012	0,87
TGC	**- 1,3%**		**PREÇO MÉDIO**		**0,90**

Fonte: IBGE, 2016.

No entanto, os dados relativos à produtividade de leite em Mato Grosso revelam um cenário preocupante; além de muito baixa, em média 1.075 litros anuais, representa menos de 4 litros/dia por animal ordenhado, muito inferior ao desejado. Além disso, entre 1998 e 2012 o crescimento anual da produtividade, em média, foi de apenas 0,9%, algo que remete a incapacidade do setor produtivo de incorporar as novas tecnologias para o setor (Tabela 4).

Tabela 4. Produtividade Média do Leite em Mato Grosso, 1998 - 2012 (Litros/Vaca).

ANO	MÉDIA	ANO	MÉDIA	ANO	MÉDIA
1998	1.028	2003	1.028	2008	1.100
1999	1.028	2004	1.109	2009	1.095
2000	1.019	2005	1.069	2010	1.096
2001	1.030	2006	1.066	2011	1.123
2002	1.031	2007	1.110	2012	1.186
TGC	0,9%		PRODUTIVIDADE		1.075

Fonte: IBGE, 2016.

Associado à questão da produtividade, outra agravante é o crescimento médio superior no número de animais ordenhados, que fora de 4% no período estudado (Tabela 5). Entre 1998 e 2012 a produção de leite passou de 406,3 para 722,3 bilhões de litros, com exatos 4,9% de crescimento médio (Δ produção = Δ produtividade + Δ vacas ordenhas).

Tabela 5. Vacas Ordenhadas em Mato Grosso, 1998 - 2012.

ANO	ANIMAIS	ANO	ANIMAIS	ANO	ANIMAIS
1998	382.027	2003	461.185	2008	578.229
1999	385.937	2004	474.120	2009	595.394
2000	401.427	2005	524.982	2010	617.585
2001	412.780	2006	519.178	2011	633.782
2002	435.716	2007	565.281	2012	589.971
TGC	4,0%		MÉDIA ORDENHADAS		505.173

Fonte: IBGE, 2016.

De acordo com os resultados no painel de dados, o número de animais ordenhados é significativo e apresenta correlação positiva, tanto para efeitos fixos (0,000120454) quanto para efeitos aleatórios (0,000125347) no que se refere à produção de leite. Esses fatos asseguram a importância da produtividade e do número de vacas ordenhadas para o incremento da produção, ao mesmo tempo em que revelam um cenário preocupante no período estudado.

O valor da produção de leite em Mato Grosso teve incremento médio de 13,2% entre 1998 e 2012, passando de 112,6 para 548,8 bilhões de reais (Tabela 6). De acordo com os resultados do painel de dados (Tabela 1), o valor da produção apresenta-se como significativo e influencia diretamente na produção, tanto no modelo de efeitos fixos (0,0000000171085) quanto no modelo de efeitos aleatórios (0,0000000207508).

Tabela 6. Valor da Produção de Leite em Mato Grosso (R$/Bilhões).

ANO	VALOR	ANO	VALOR	ANO	VALOR
1998	112,6	2003	187,9	2008	376,5
1999	118,2	2004	254,8	2009	418,2
2000	122,8	2005	278,9	2010	451,6
2001	145,9	2006	269,4	2011	526,9
2002	155,2	2007	338,6	2012	548,8
TGC	**13,2%**	**VALOR TOTAL**			**4.307**

Fonte: IBGE, 2016.

Ainda, como condicionantes da produção de leite, o modelo de Dados em Painel identificou como significativo o PIB *per capita*, ou seja, a correlação positiva indica que o aumento da renda média contribui para o aumento do consumo de laticínios. O mesmo não ocorre para a produção de leite, uma vez que o PIB não foi significativo para efeitos aleatórios ou mesmo no teste de efeitos redundantes. Por fim, duas categorias não tiveram significatividade no modelo: o emprego no setor de laticínios e a variável *Trend* inserida para captar um possível efeito positivo do avanço tecnológico. Ambas não foram significativas, tanto no modelo de efeitos fixos quanto aleatórios.

Os resultados disponibilizam informações importantes acerca dos fatores responsáveis pelas atuais condições do mercado leiteiro de Mato Grosso, bem como, a possibilidade de visualizar algumas tendências relacionadas ao preço e ao abastecimento de leite. A possibilidade de avaliar o comportamento e a significância das principais categorias econômicas auxilia o setor produtivo a organizar-se e consolidar a infraestrutura que este importante mercado necessita, tendo em vista sua contribuição para a segurança alimentar. Identifica-se uma probabilidade mais qualificada no sentido de contribuir com a produção e distribuição de leite e derivados, além da efetivação de políticas institucionais voltadas ao desenvolvimento local e ao fortalecimento da cadeia produtiva.

O modelo de Dados em Painel revelou que o consumo possui uma correlação positiva e significativa à produção de leite em Mato Grosso. O aumento do consumo ocorre, sobretudo, em virtude do fortalecimento do poder de compra da sociedade, algo que pode ter sua origem na elevação do nível de renda. No entanto, durante o período estudado, o aumento da produção não foi suficiente para diminuir a dependência do produto exógeno, nem mesmo para atrair as principais marcas a produzirem no estado, as mesmas que fornecem os produtos.

Ao se inverter a variável dependente, o modelo revelou que a produção de leite em Mato Grosso não apresenta significância em relação ao consumo, ou seja, as preferências dos consumidores locais não são afetadas pela produção local. Trata-se de um comportamento compreensível, tendo em vista que quase a metade de tudo que é consumido de laticínios é adquirido de fora do estado, fornecido por marcas já consolidadas no varejo nacional e local.

O comportamento dos preços no mercado mato-grossense tem se apresentado como um fator desestimulante sob todos os aspectos. Apresenta-se extremamente elevado no comércio varejista, quando comparado com as principais regiões produtoras do Brasil, ao mesmo tempo em que é baixo dentro da porteira. O estudo, neste quesito, comprova que não há estímulo à produção, inclusive os produtores operam com preços decrescentes, contrariamente ao caso do consumo, em que o preço é significativo. Uma diminuição dos preços estimularia o consumo, no entanto, não há essa perspectiva enquanto o suprimento de laticínios for realizado com base nas principais marcas adquiridas de fora de Mato Grosso. Neste caso, ainda há o agravante da infraestrutura de logística, em que o frete elevado encarece os produtos.

Outro aspecto importante, revelado pelo painel de dados, está relacionado à produtividade e ao número de animais ordenhados. A produtividade foi considerada importante para a produção de leite. É natural que o aumento da produtividade fosse ínfimo ao longo do período estudado e, em virtude destes aspectos, credita-se o aumento da produção ao aumento do número de animais ordenhados. Certamente, não se trata da situação ideal e, por isso, uma política de inserção tecnológica dentro da porteira é de fundamental importância para tornar relevante a atividade em Mato Grosso.

Destarte, a incapacidade da pecuária leiteira local em prover o abastecimento é o principal gargalo relacionado à atual condição de mercado. A necessidade de se ampliar a produção de leite é expressiva, no entanto, a reestruturação da cadeia é fundamental, caso contrário o hiato entre o preço no varejo e o preço dentro da porteira não irá diminuir. A política para o setor precisa estimular as grandes marcas a operarem na produção em Mato Grosso, algo que depende da reestruturação das propriedades e da incorporação de tecnologia e melhoramento genético ao processo produtivo. Sem gerar a escala de produção com qualidade adequada, o setor produtivo leiteiro continuará inexpressivo, figurando como atividade complementar e o mercado continuará refém dos produtos exógenos.

3. FATORES DETERMINANTES DA PRODUÇÃO LEITEIRA

A produção leiteira em Mato Grosso tem se destacado em pequenas propriedades, na maioria das vezes, como a principal fonte de renda das famílias. No entanto, o volume produzido não apresenta crescimento anual constante e/ou significativo em todas as regiões, mas períodos de alta e de queda, também pela rentabilidade de outras atividades paralelas ou pela incapacidade de adequar-se à escala e exigências técnicas impostas pela indústria. Os preços mais baixos recebidos pelo leite, dentro da porteira, ainda fortalecem este cenário preocupante. Ademais, os produtores tencionam adequar o manejo da atividade às particularidades de suas propriedades que, muitas vezes, apresenta um *trade off* desfavorável em relação a outras atividades. Aspectos como o tamanho da área, a mão-de-obra e as tecnologias disponíveis, assim como o preço recebido e a genética animal inadequada, tendem a limitar o crescimento da pecuária leiteira no estado.

Historicamente, a atividade leiteira mato-grossense apresenta uma condição de preço significativamente adversa: elevados no varejo e baixos quando pagos aos produtores. Um fator que exige alguma compensação por meio do aumento de produtividade ou diminuição dos custos de produção, no entanto, de acordo com dados do Instituto Brasileiro de Geografia e Estatística (IBGE), os números relativos à produtividade de leite em Mato Grosso revelam um cenário preocupante: desde 2000, a média de apenas 1.075 litros anuais representa menos de 4 litros/dia por animal ordenhado. Neste mesmo período, o crescimento anual médio da produtividade foi somente de 0,9%, algo que reflete a incapacidade do setor produtivo de incorporar as novas tecnologias disponíveis.

Associado à questão da produtividade, outro agravante é o crescimento médio de 4% no número de animais ordenhados em Mato Grosso desde o ano de 2000. A incapacidade da pecuária leiteira local em prover o abastecimento é o principal gargalo relacionado à atual condição de mercado. A necessidade de se ampliar a produção de leite é expressiva, no entanto, a reestruturação da cadeia é fundamental, caso contrário o hiato entre o preço no varejo e o preço dentro da porteira não irá diminuir. Sem gerar a escala de produção adequada, o setor produtivo leiteiro local continuará inexpressivo, mantendo-se como atividade complementar, assim como o mercado regional permanecerá refém dos produtos exógenos.

São fatores importantes ao se considerar fundamentos da Organização das Nações Unidas para Agricultura e Alimentação (FAO), referentes à segurança alimentar: o acesso à uma alimentação suficiente, segura e nutritiva. Uma provável incapacidade da pecuária leiteira local em prover o abastecimento também tende a dificultar a reestruturação da cadeia produtiva local e a diminuição do hiato entre o preço no varejo em detrimento ao pago dentro da porteira. Outro fator está relacionado ao fato das principais marcas não atuarem no setor produtivo em Mato Grosso, mantendo suas operações expressivas apenas no varejo, com leite produzido em outras regiões do país.

A política de incentivo à reestruturação da cadeia produtiva de leite no estado precisa considerar a readequação das propriedades e a incorporação de tecnologia e melhoramento genético ao processo produtivo, para gerar a escala de produção adequada, com leite de qualidade, caso deseje que o setor produtivo leiteiro deixe de ser inexpressivo ou de figurar como atividade secundária. A definição ou a seleção de tecnologias e estratégias não é uma tarefa simples, na maioria dos casos, ou mesmo que possa ser definida apenas pela experiência do produtor na atividade. Neste contexto, é preciso repensar a gestão e a estrutura organizacional, adotando tecnologias e estratégias sistêmicas que realmente respondam aos desafios, caso contrário, as principais indústrias do ramo continuarão fora do processo e as bases alimentares mínimas apoiadas pela FAO não serão atendidas em nível local.

Por meio do Convênio 025/2008, entre a Secretaria de Indústria e Comércio (SICME) e a Associação dos Pequenos Produtores de Leite do Centro-Oeste (APPLCO), o Fundo de Desenvolvimento Industrial e Comercial de Mato Grosso (FUNDEIC) aportou 126 mil reais na construção de uma usina de porte mínimo e na aquisição de equipamentos industriais para processamento de leite. Em complemento, a antiga Secretaria de Estado de Desenvolvimento Rural (SEDER) distribuiu 40 mil doses de sêmen de gado Holandês, Girolando e Gir aos produtores locais para o melhoramento genético e aumento da produtividade. A meta do conjunto de ações consistia em triplicar a produção de leite na região do aglomerado nos cinco anos seguintes. Acreditava-se também que, ao se promover o aumento da produção, aumentaria o índice de consumo de leite e produtos derivados processados por empresas locais, supostamente estabelecidas na região em virtude do aumento da produção.

O fato é que, historicamente, sempre houve um distanciamento considerável entre o plano abstrato e a materialização dos instrumentos de apoio, uma característica comum em todas as regiões do Brasil. Além disso, cristalizou-se uma conduta local, em que cabe ao Estado criar as condições de funcionamento dos aglomerados produtivos, a partir de recursos públicos oriundos do FUNDEIC, um fato que aprisiona o desenvolvimento das forças sinérgicas, concatenadas às decisões políticas. A capacidade de acesso a recursos públicos torna-se essencial para a sobrevivência dos aglomerados; uma solução considerada perigosa, por tratar-se de uma dependência a um agente externo.

Contudo, chama-se a atenção para o fato de que os produtores de leite referenciados neste estudo tiveram um aporte técnico e financeiro ao longo da última década, o que os torna representativos para o setor em questão. Assim, espera-se que os mesmos tenham melhores condições de desenvolver a competência para internalizar os desafios e a capacidade de absorver as tendências negativas enfrentadas pelo setor em Mato Grosso. Trata-se, justamente, da principal reflexão proposta neste estudo, focada em determinar qual a atual condição socioeconômica dos produtores de leite do aglomerado produtivo de Alto Paraguai. Questiona-se também, se as políticas econômicas dispostas conseguiram melhorar a eficiência produtiva e consequentemente os indicadores da atividade leiteira.

Em linhas gerais, objetiva-se realizar uma delimitação e avaliação dos principais fatores responsáveis pelo desenvolvimento da pecuária leiteira nos municípios que compõem o aglomerado produtivo, considerando os aspectos relevantes dentro da porteira.

De forma específica, os principais objetivos para a determinação destes fatores, no primeiro momento, passam pela avaliação da produção, principalmente considerando a produtividade média de leite dentro da porteira. No segundo momento, avaliam-se os aspectos relacionados com a infraestrutura, incorporação de tecnologias e melhora na genética animal. Ainda de forma específica, objetiva-se analisar se os aspectos mercadológicos e se a composição dos preços influencia na produção e nas condições sociais dos produtores de leite do aglomerado.

A estratégica empírica considera uma pesquisa *in loco* nas propriedades leiteiras, com levantamento de dados primários, por meio de um formulário devidamente elaborado para compor uma base robusta, considerando aspectos socioeconômicos, assim como àqueles relacionados à capacidade gerencial, à infraestrutura, ao mercado e às inovações de qualquer natureza. Além da análise descritivo-quantitativa destinada a contextualizar a atividade, emprega-se ao conjunto de dados obtidos os fundamentos da Análise Multivariada, por meio da Análise Fatorial, com o propósito de definir um arcabouço subjacente da matriz de dados e analisar a estrutura das inter-relações do expressivo número de variáveis compiladas. Trata-se do estabelecimento dos fatores determinantes que delimitam a capacidade produtiva e gerencial do aglomerado produtivo de leite do Alto Paraguai.

Ao considerar a importância da atividade leiteira para Mato Grosso e Brasil, um estudo do Banco Nacional de Desenvolvimento Econômico e Social (BNDES) incluiu a região em um grupo de prioridades nacionais, classificando a pecuária leiteira como potencial geradora de renda para as famílias locais. Foram analisadas questões relativas à capacidade gerencial, produção e elaboração de um plano de comercialização para o mercado leiteiro em Mato Grosso. Desde o suporte do governo de Mato Grosso em 2003, somaram-se seis anos e as primeiras avaliações do estudo revelaram que a maioria das ações propostas e a incorporação das inovações não foram promovidas de forma eficiente.

Cabe o registro de que não existem estudos, com o mínimo de rigor científico em Mato Grosso, sobre o tema aqui proposto, um fato que dificulta uma melhor contextualização da atividade, contudo, assegura a importância dos resultados promovidos. Faz-se necessária uma discussão teórico-metodológica prévia, no intuito de contemplar os principais elementos que compõem a estratégia empírica selecionada. O substancial número de informações primárias permite uma contextualização com certo grau de consistência, no entanto, necessita do aporte analítico, baseado na Análise Multivariada, para assegurar a robustez dos indicadores. Os requisitos amostrais são contemplados, a estruturação analítica e os resultados também são discutidos ante as considerações finais.

3.1. Aspectos Teórico-Metodológicos

A matriz empírica considera informações estratégicas obtidas *in loco* nas propriedades produtoras de leite, que constam no espaço delimitado para o aglomerado produtivo do Alto Paraguai. O instrumento de coleta consistiu em um questionário estruturado, com campos definidos, no sentido de captar especificidades e, ao mesmo tempo, aspectos mais amplos ligados às propriedades. Primeiramente, busca-se delimitar as condições socioeconômicas dos produtores do aglomerado produtivo e a relação com a atividade, causas e consequências. Outro campo visa coletar informações que demonstrem o processo produtivo nas propriedades e a utilização dos recursos, considerando os níveis de gestão e tecnologias disponíveis. Outro grupo de questões tentam demonstrar a relação dos produtores com o mercado, a composição dos preços e a perspectiva financeira para a atividade. Por fim, as questões buscam entender a dimensão do aprendizado e as tendências da pecuária leiteira do aglomerado.

A caracterização da atividade local considerou a estruturação das informações, de modo a revelar as condições socioeconômicas dos produtores de leite, suas relações com o mercado e a capacidade gerencial das propriedades. Relativo às questões econômicas, priorizou-se o registro dos dados relacionados aos quantitativos envolvidos no processo produtivo, desde a disponibilização dos insumos, a estrutura média de custos, até o valor final da produção.

Os dados que condicionam a qualidade de vida dos produtores foram considerados primordiais para a avaliação das condições sociais impostas pela atividade no aglomerado. Dentre os fatores considerados, cabe registrar os aspectos básicos ligados à educação, saúde e saneamento, contudo, o grau de aprofundamento visa revelar também o nível de fadiga cominado pela atividade. Não obstante estão os aspectos tecnológicos, que refletem o grau de capacitação das propriedades e o impacto disto sobre o trabalho necessário para o gerenciamento dos processos dentro da porteira, uma vez que a indústria seleciona elementos desta natureza para assegurar a escala e a qualidade mínima para se estruturar no espaço.

Trabalhos já realizados em Minas Gerais, principal estado produtor de leite no Brasil, revelam particularidades importantes sobre a atividade leiteira que podem servir de base para este estudo. Conclusões sobre a lucratividade de 159 fazendas da região do Triângulo Mineiro e Alto Paranaíba revelam que o lucro positivo advém de propriedades com maior número de vacas em lactação, menores custos com mão-de-obra e maiores investimentos em ração. A análise de componentes principais também revelou que 25% das propriedades mantém lucratividade negativa por não observarem esses aspectos (RESENDE *et al.* 2016).

Com base em fatores quantitativos produtivos associados ao tamanho das áreas, Stock *et al.* (2008) concluíram que a melhor estratégia na eficiência econômica é o aumento da produtividade. Contudo, um estudo com foco nacional realizado por Pastrana *et al.* (2016), considerando os mesmos critérios, buscou determinar parâmetros-chave associados à produção de leite dos municípios brasileiros. Os resultados apontam contradições, pois também foi identificado que muitos municípios lideram a produção de leite em virtude do elevado número de vacas, mesmo com produtividade baixa. O estudo gerou melhor caracterização e considera que a eficiência quantitativa também pode ser utilizada como um indicador adequado na avaliação e na comparação de variáveis produtivas.

No âmbito internacional, um estudo mais amplo realizado com 22 países europeus, entre 2004 e 2012, introduziu dados de fazendas com a finalidade de estimar o papel da eficiência produtiva. Os resultados indicaram que as propriedades são expressivamente eficientes, por isso conseguiriam aumentar a produção, usando apenas seus recursos disponíveis de forma mais eficaz. Trata-se de uma condição de estabilidade que auxilia no enfrentamento de adversidades, como por exemplo, a redução da produtividade. Nesse sentido, políticas de promoção à eficiência produtiva são adequadas para enfrentar choques de mercado, volatilidade de preços e manter o nível de renda dos produtores (FURESI, MADAU e PULINA, 2016).

Considerando que o objetivo proposto perpassa pela avaliação do desenvolvimento da pecuária leiteira do Alto Paraguai, uma vez que neste percurso depara-se com os principais elementos estruturantes da atividade, a seleção das variáveis também procurou respeitar os aspectos mais expressivos para a composição dos condicionantes necessários para entender o processo evolutivo do aglomerado. Buscou-se delimitar a capacidade da atividade de absorver novos *inputs* e potencializar seu desenvolvimento endógeno, considerando as chamadas economias de aglomeração, isto é, nos condicionantes que a atividade apresenta, com capacidade de interferir em sua própria estrutura.

Este diagnóstico descritivo é importante, contudo, sua validade é intensificada pela inclusão dos indicadores subjacentes da Análise Fatorial. O agrupamento destas características em fatores, devidamente ranqueados, revelam o grau de estruturação da atividade, quais elementos estão em condições satisfatórias ou não. Isso se torna possível porque a metodologia pode ser utilizada para agrupar variáveis e delinear padrões de variação nas características, por meio de fatores distintos, que também podem ser interpretados como potencialidades da atividade. Quando calculados, são capazes de representar fenômenos complexos, a ponto de explicarem o processo de desenvolvimento da atividade nos municípios que compõem a região do aglomerado.

Ainda, o emprego da Análise Fatorial nesta pesquisa se faz necessária devido à sua capacidade de estabelecer indicadores confiáveis, compilando habilidades matemáticas, verbais, raciocínio lógico, entre outras, que poderiam ser explicadas por um fator comum de inteligência, uma contribuição de Spearman (1904), responsável pelos primeiros ensaios acerca da referida técnica. Thurstone (1935) desenvolveu a ideia de *multiple factor analysis*; em seguida, Hotelling propôs o método de componentes principais que permite o cálculo de uma única matriz de fatores ortogonais. Este acúmulo de diferentes ensaios e a aplicação das diferentes técnicas explicam o desenvolvimento da Análise Fatorial e o seu emprego em estudos ao longo das últimas décadas (ZELLER e CARMINES, 1980).

Dentre as contribuições mais recentes, reporta-se o fato de que a Análise Fatorial busca descrever a variabilidade de um vetor X aleatório, por meio de um número reduzido de variáveis aleatórias, denominadas fatores comuns. Esse modelo explica, a partir dos fatores selecionados, a variabilidade de X, em que o restante não incluído faz parte do erro aleatório (MINGOTI, 2005). De acordo com Santana (2007), a referida técnica busca condensar informações, em uma espécie de resumo, que possui capacidade de explicar uma estrutura como um todo. Os fatores são capazes de explicar dimensões isoladas de uma determinada estrutura de dados ou uma dimensão do todo.

O modelo básico de fatores costuma ser expresso na forma matricial, em que:

$$X = \begin{bmatrix} X_1 \\ X_2 \\ \vdots \\ X_p \end{bmatrix}; \Lambda = \begin{bmatrix} \lambda_{11} & \lambda_{12} & \cdots & \lambda_{1q} \\ \lambda_{21} & \lambda_{22} & \cdots & \lambda_{2q} \\ \vdots & \vdots & \vdots & \vdots \\ \lambda_{p1} & \lambda_{p2} & \cdots & \lambda_{pq} \end{bmatrix}; F = \begin{bmatrix} f_1 \\ f_2 \\ \vdots \\ f_q \end{bmatrix}; E = \begin{bmatrix} e_1 \\ e_2 \\ \vdots \\ e_p \end{bmatrix}$$

X = é o p-dimensional vetor de variáveis originais, $X' = (x_1, x_2, ..., x_p)$;
F = é o q-dimensional de fatores comuns, $F' = (f_1, f_2,..., f_q)$;
E = é o p-dimensional de fatores únicos $E' = (e_1, e_2,...e_p)$;
Λ = é a matriz (p, q) de constantes desconhecidas.

Com relação aos parâmetros para o modelo, são necessários o emprego de métodos e testes no sentido de validar e/ou tornar o resultado mais consistente. No que se refere a rotação, o modo *Varimax* é mais apropriado a este tipo de análise, pois tem por base estabelecer fatores com grande variabilidade nos *loadings.* Trata-se da compilação de um grupo de variáveis altamente correlacionadas com o fator e de outro grupo com correlação desprezível ao mesmo fator. Em respeito ao número de fatores, foi deixado que o modelo os determinasse livremente para que os mesmos fossem capazes de explicar, de forma mais completa, os dados coletados (MINGOTI, 2005).

A significância também foi aferida pelo Teste de *Bartlett* e o *Kaiser Meyer Oklin* (KMO). No primeiro caso, quão mais próxima de zero for o resultado do teste, a hipótese nula será rejeitada e a análise pode ser realizada (HAIR *et al*, 2006 e MINGOTI, 2005). De acordo com Mingoti (2005), para que os resultados sejam considerados válidos é necessário que todas as comunalidades sejam superiores a 0,5. Em adicional, com o KMO procura-se determinar se estas variáveis estão correlacionadas entre si e o indicador desejável deve ser próximo de um, no entanto, deve ser superior a 0,5.

Adicionalmente, pode-se utilizar o critério da variância acumulada como fundamentação para determinar a quantidade de fatores que devem ser extraídos. Hair *et al.* (2006) sugerem como aceitável uma explicação de, no mínimo, 60% do universo das variáveis. Ainda, no caso da Análise Fatorial confirmatória, além dos critérios estatísticos, é possível apresentar argumentações teóricas para justificar a extração dos fatores, considerando termos conceituais ou padrões de relação possíveis entre as variáveis e os fatores.

Em relação ao número de informações, deseja-se o maior possível; recomenda-se uma amostra mínima de 50 observações. Contudo, define-se como aconselhável pelo menos 100 casos para assegurar resultados mais robustos e a razão entre o número de casos e a quantidade de variáveis não deve ser inferior a uma relação de cinco para um (HAIR *et al*, 2006). Neste caso, empregou-se a técnica de amostragem descrita por Andrade (1985) para estimar um número desejado de produtores de leite, capazes de representar o universo aproximado de 650 listados para os seis municípios que compõem o aglomerado, considerando um erro amostral de até 10% e um nível de confiança de 95%. A referida técnica é determinada a partir da seguinte expressão matemática em que:

$$n = \frac{z^2 \cdot p \cdot q \cdot N}{e^2(N-1) + z^2 \cdot p \cdot q}$$

n = tamanho da amostra

N = tamanho da população;

p = % com a qual o fenômeno se verifica;

q = complemento de p;

z = nível de confiança escolhido (95% = 1,96);

e = erro amostral permitido (e </= 10%);

A amostra sugerida foi de 87 elementos, no entanto, para atender a relação desejável entre o número de casos e o de variáveis, foram coletadas 120 informações válidas, respeitando o número mínimo de 20 observações para cada um dos municípios que compõem o aglomerado. Os questionários foram aplicados diretamente aos produtores de leite, em visitas realizadas nas propriedades, com posterior compilação em uma única planilha para compor o banco de dados da pesquisa. Os fatores, demais testes e indicadores foram estimados com auxílio do software SPSS e estão dispostos na seção de resultados subsequente.

3.2. Fatores Determinantes da Produção Leiteira

No primeiro momento, a avaliação dos resultados dos testes e parâmetros necessários confirmam a significância dos resultados apontados pelo modelo. O teste de Esfericidade de Bartlett apresenta nível de significância próxima de zero, motivo pelo qual rejeita-se a hipótese nula. Em complemento, o *Kaiser-Meyer-Oklin* superior a 0,5 indica que as variáveis estão correlacionadas entre si (Tabela 7) e os resultados podem ser analisados.

Tabela 7. Teste de Bartlett e Kaiser Meyer Oklin, 2016.

Kaiser-Meyer-Oklin: Medida da Adequação da Amostragem	0,774
Teste de Esfericidade de Bartlett: Chi-quadrado aproximado	1837,709
Df.	276
Significância	0,0000

Fonte: SPSS 20. Método de Extração: Análise de Componentes Principais (Varimax).

Em complementariedade, todas as comunalidades são superiores a 0,5 (Tabela 8). O número total de variáveis incorporado pelo modelo foi o máximo desejável (24), em atendimento a recomendação de que a quantidade de variáveis deve respeitar a relação de cinco para um, considerando-se o número de observações.

Tabela 8. Comunalidades Apresentadas pelas Variáveis, 2016.

VARIÁVEL	VALOR	VARIÁVEL	VALOR
Produção de Leite	0,787	Controle Financeiro	0,599
Total de Vacas	0,857	Tempo na Atividade	0,520
Vacas em Lactação	0,833	Funcionários	0,649
Gasto Ração Silagem	0,838	Férias Anuais	0,624
Gasto Medicamentos	0,724	Barracão Coberto	0,899
Gasto Energia	0,630	Ordenha Coberta	0,906
Gasto Combustível	0,595	Vende Laticínio	0,858
Gasto Total Médio	0,733	Pagamento em Dia	0,878
Reprodutores	0,663	Água Propriedade	0,838
Ordenhas por Dia	0,767	Alimentação Pastagem	0,569
Possui Ordenhadeira	0,746	Curral com Divisão	0,750
Tanque Resfriamento	0,708	Alimentação Silagem	0,689

Fonte: SPSS 20. Método de Extração: Análise de Componentes Principais (Varimax).

A variação explicada pelas cargas fatoriais rotacionadas corresponde a 73,5% do total das variáveis empregadas (24), divididas em sete fatores. O parâmetro de 60% é contemplado pelos cinco primeiros fatores, contudo, os dois primeiros são os mais expressivos e explicam acumuladamente 38% da base de dados (Tabela 9).

Tabela 9. Variação Total Explicada, 2016.

Comp.	Valores Próprios Iniciais			Somas de Rotação de Cargas Quadradas		
	Total	% da Variância	% Cumulativo	Total	% da Variância	% Cumulativo
1	8,176	34,066	34,066	5,271	21,961	21,961
2	1,977	8,239	42,305	3,858	16,077	38,038
3	1,935	8,064	50,369	2,284	9,515	47,554
4	1,788	7,452	57,820	1,836	7,650	55,204
5	1,472	6,135	63,955	1,804	7,517	62,720
6	1,162	4,842	68,797	1,311	5,461	68,181
7	1,148	4,783	73,579	1,296	5,398	73,579

Fonte: SPSS 20. Método de Extração: Análise de Componentes Principais (Varimax).

Uma vez contemplados todos os parâmetros do modelo, o principal agrupamento compôs o denominado Fator de Produção, responsável pela explicação de 21,9% da estrutura produtiva, considerando as variáveis que o compõem em cada propriedade (Tabela 10). Revela que a produção de leite se encontra estável, com gastos devidamente ajustados ao número de animais, no entanto, as despesas com energia e medicamentos, juntamente à produção de leite e disponibilidade de reprodutores, apresentam as menores cargas fatoriais.

Tabela 10. Matriz de Componentes Rotacionados, 2016.

VARIÁVEIS	FAT 1	FAT 2	FAT 3	FAT 4	FAT 5	FAT 6	FAT 7
Produção de Leite	,696	,486	,048	,087	-,136	,198	,008
Total de Vacas	,768	,328	,211	,155	-,061	,278	-,097
Vacas em Lactação	,847	,245	,124	,071	-,018	,018	,186
Gasto com Ração e Silagem	,854	,185	,093	-,056	,056	-,084	,229
Gasto com Medicamentos	,676	,177	,229	-,104	,157	-,180	-,339
Gasto com Energia	,483	,123	,312	-,010	-,235	,279	-,388
Gasto com Combustível	,758	,021	-,035	-,034	-,041	-,026	,127
Gasto Total Médio	,779	,304	,100	-,061	-,074	,085	,089
Reprodutores	,543	,119	,285	,200	,154	,350	-,294
Número de Ordenhas Dia	,324	,684	,091	-,077	-,358	-,079	,211
Possui Ordenhadeira	,324	,706	,354	-,094	-,070	,044	,048
Tanque de Resfriamento	,245	,712	,355	,033	-,022	,059	-,102
Controle Financeiro	,259	,612	,149	-,004	,293	-,213	-,067
Tempo na Atividade	,171	,573	,134	,044	,216	-,030	,308
Funcionários	,325	,651	-,066	,108	,047	,318	,021
Férias Anuais	,001	,730	,056	-,009	-,227	,121	-,146
Barracão Coberto	,127	,207	,904	,077	,028	,113	,064
Ordenha Coberta	,172	,229	,906	-,027	,046	-,007	,020
Vende para Laticínio	-,011	,002	-,032	,915	,098	-,078	-,065
Pagamento em Dia	,026	,009	,074	,923	-,103	,012	,095
Água na Propriedade	-,109	-,169	-,026	,060	,885	-,062	,075
Alimentação Pastagem	,032	,057	,070	-,058	,727	,168	-,002
Curral com Divisão	,050	,070	,076	-,091	,108	,839	,113
Alimentação Silagem	,228	,045	,089	,023	,036	,128	,780

Fonte: SPSS 20. Método de Extração: Análise de Componentes Principais (Varimax).

O fato das referidas cargas fatoriais apresentarem-se mais baixas pode ser explicado por alguns eventos registrados pela pesquisa nas propriedades. Por exemplo, a disponibilidade de reprodutores requer atenção, uma vez que apenas 16% utilizam a técnica de inseminação e, por isso, necessitam manter a presença de touros (reprodutores) entre os animais.

Outro elemento associado diz respeito ao número médio de vacas em lactação: apenas 38% do total de animais de cada propriedade; fatos somados que indicam uma gestão ineficiente do sistema reprodutivo ou que as propriedades não trabalham somente com gado leiteiro. São elementos que contribuem para uma média de apenas 8,3 litros de leite por vaca ao dia em média no aglomerado, uma referência muito baixa quando contrastada a atual tecnologia de produção de leite (Tabela 11). Ainda, considerando as contribuições de Resende *et al* (2016) em relação à lactação, estas propriedades podem não serem eficientes e, mais preocupante, apresentar lucratividade negativa.

Tabela 11. Médias Produtivas do Aglomerado por Propriedade.

CATEGORIA	MÉDIA	CATEGORIA	MÉDIA
Produção de Leite (R$)	7.297	Vacas em Lactação	25
Total de Vacas	66	Média Vaca Dia	8,3

Fonte: Dados da pesquisa, 2016.

Também associado ao Fator de Produção, os demais gastos com combustível, ração, silagem e total médio apresentam cargas fatoriais significativas, o que indica estarem adequados à estrutura produtiva. Os percentuais expostos na Tabela 12 estão relacionados com a renda média por propriedade, oriunda da atividade leiteira no aglomerado (R$ 7.428,44) e o único caso que não se ajusta é o do gasto com combustíveis (40%). Apresenta-se elevado e indica que a pecuária leiteira não é a única atividade produtiva nas propriedades do aglomerado.

Tabela 12. Representação na Receita do Leite dos Principais Gastos das Propriedades, 2016.

GASTOS	MÉDIA R$	%
Gasto com Ração e Silagem	1.572,92	21%
Gasto com Medicamentos	202,59	3%
Gasto com Energia	373,29	5%
Gasto com Sal	526,51	7%
Gasto com Combustível	2.934,87	40%

Fonte: Dados da pesquisa, 2016.

O segundo agrupamento engloba variáveis cujas características permitem denominá-lo Fator de Gestão e Inovação, com cargas fatoriais positivas, no entanto mais próximas ao mínimo recomendado (0,5) do que ao indicador unitário desejado. Os dados da pesquisa indicam o tempo médio de experiência na atividade de 14,7 anos, entretanto, o que mais preocupa é o número de ordenhas por dia: em média, apenas 1,35 por propriedade. Trata-se de um fator de impacto direto na produtividade média de leite, tendo em vista que pesquisas revelam que o aumento da frequência no número diário de ordenhas pode gerar incrementos na produção de leite em até 40%, quando realizada uma segunda ordenha e, de até 25%, quando implementada uma terceira ordenha. Neste caso, os municípios do aglomerado dificilmente figurarão entre os maiores produtores de leite no futuro, pois não atendem nenhum dos parâmetros determinados por Stock *et al.* (2008) e Pastrana *et al.* (2016).

Ainda relacionado à gestão, é natural que as cargas fatoriais não estejam próximas ao ideal, pois apenas 19% das propriedades adotam algum tipo de controle financeiro e 18% tem estrutura para manter, pelo menos, um funcionário. O melhor indicador deste fator registra que 51% das propriedades consegue planejar ao menos um período de férias a cada ano (Figura 1).

Figura 1. Variáveis Relativas ao Fator de Gestão e Inovação, 2016.

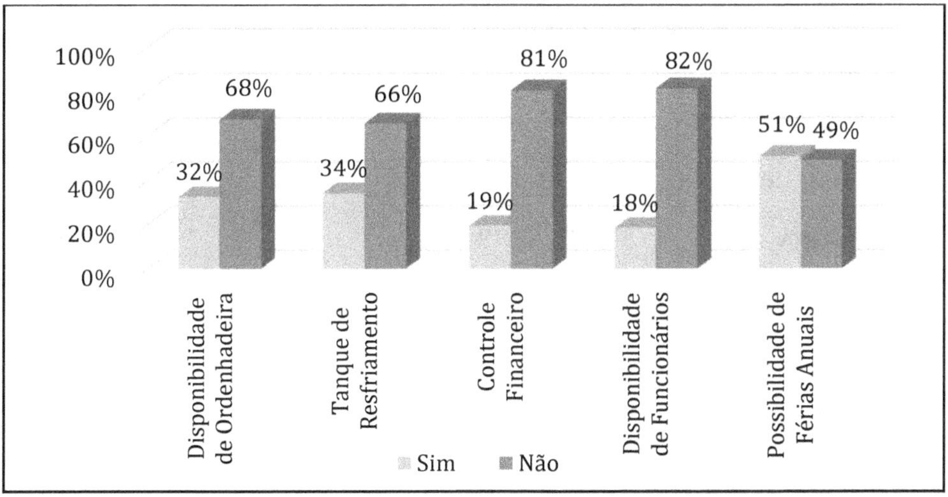

Fonte: Dados da pesquisa, 2016.

Em relação às duas variáveis ligadas com a tecnificação das propriedades, os indicadores são melhores, no entanto, a condição das propriedades ainda está aquém do desejado. As cargas fatoriais estão entre as melhores para o fator, contudo, ainda abaixo do desejável. Tal evidência justifica-se pelo simples fato de apenas a terça parte das propriedades possuírem ordenhadeira mecânica e tanque de resfriamento de leite. Este fator implica diretamente na eficiência das propriedades, pois a produção poderia ser incrementada usando apenas os recursos disponíveis de forma mais eficaz. Considerando as contribuições de Furesi, Madau e Pulina (2016), estes produtores estão expostos aos choques de mercado e a volatilidade dos preços. São elementos importantes para a estabilidade da atividade no aglomerado.

O terceiro agrupamento contempla apenas duas variáveis cujas características permitem defini-lo Fator de Infraestrutura, com cargas fatoriais excelentes, acima de 0,9 tanto para ordenha coberta quanto para barracão coberto. Trata-se de um elemento importante, ao considerar que 89% do processo diário de ordenha ocorre com mais conforto, protegido de intempéries, assim como 61% dos animais permanecem em barracões durante a noite ou em períodos de chuva (Figura 2), minimizando o *stress* animal e do produtor de leite.

Figura 2. Variáveis Relativas aos Fatores de Infraestrutura, Comércio e Ambiente, 2016.

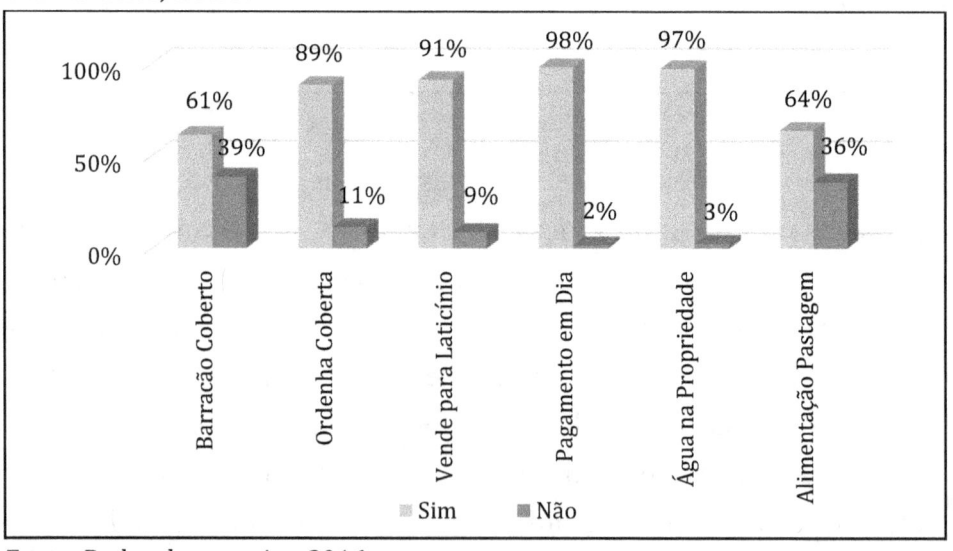

Fonte: Dados da pesquisa, 2016.

O quarto agrupamento, assim como seu antecessor, contempla duas variáveis, entretanto relacionadas à comercialização e, por isso, foi nominado como Fator de Mercado. Há apenas um canal de comercialização direta no aglomerado: os laticínios, destino de 91% do leite produzido. As cargas fatoriais são excelentes, acima de 0,9, tanto para venda quanto para o pagamento, isso porque 91% dos produtores estão ajustados a esse canal de comercialização que, em 98% dos casos, mantém o pagamento em dia, dando estabilidade ao planejamento dentro da porteira.

Os dados da pesquisa revelam que sete laticínios operam no território do aglomerado atualmente, entretanto, o preço médio do litro de leite pago ao produtor é de apenas R$ 1,02, um valor abaixo da média do estado para o ano anterior (2015), que foi de R$ 1,17 por litro, de acordo com os dados do Instituto Brasileiro de Geografia e Estatística (IBGE). Outro ponto importante está relacionado ao preço de venda no varejo, que varia de R$ 2,99 a R$ 6,99 para cada litro de leite longa vida, como revelam dados das principais agências de pesquisa de Mato Grosso, sendo que os de menor valor são aqueles preços praticados, justamente, pelas marcas de leite regionais.

Na sequência, complementar ao terceiro, o quinto agrupamento pode ser definido como Fator Ambiente, porque agrupa duas variáveis importantes para a ambiência animal: a disponibilidade de água na propriedade (0,885) e a pastagem natural (0,727) em condição medianas, alimentos primordiais para os animais. As referidas cargas fatoriais são explicadas pelos dados primários da pesquisa: 91% das propriedades do aglomerado possuem água em quantidade adequada e 64% destas mantém pastagens com gramíneas voltadas para a produção de leite.

Contudo, no que tange a sede das propriedades, todas possuem água encanada, energia elétrica, telefonia móvel e, em média, os produtores dedicam apenas 4,3 horas diárias para a atividade leiteira. Os dados da pesquisa primária também revelam que apenas 4% dos produtores possuem ensino superior, 25% ensino médio e 51% primário, em alguns casos, incompleto. No entanto, um dado que requer atenção corresponde ao montante de 20% dos produtores que se encontram na condição de semianalfabetismo, pois nunca frequentaram a escola.

Por fim, as duas últimas variáveis não se agrupam, todavia pode-se dizer que estão relacionadas aos fatores de Infraestrutura e Ambiente. A variável curral com divisão apresenta uma carga fatorial adequada de 0,839, muito importante para o manejo dos animais em todos os procedimentos de pastoreio ou de ordenha; uma infraestrutura necessária e disponível na maioria das propriedades do aglomerado. Em complemento à alimentação, o fornecimento de silagem aos animais apresenta-se na média (0,780), contudo, por ser um elemento que interfere positivamente na produtividade de leite e melhor aproveitado pelos produtores do aglomerado.

O ajuste apresentado pelo modelo ao grupo compilado de variáveis assegura a robustez dos resultados e, portanto, das interpretações imputadas referentes à atual condição da pecuária leiteira do aglomerado do Alto Paraguai. Considerando que todas as cargas fatoriais foram positivas, mantiveram-se entre a mínima recomendada (exceto uma: gasto com energia 0,483) e a máxima, a primeira observação consiste no fato de que a atividade se encontra equilibrada em sua estrutura, independente do estágio. Trata-se de um elemento importante que requer atenção, uma vez que o aglomerado já recebeu aporte financeiro e técnico, contudo, não apresenta pontos de insatisfação em relação a sua atual condição.

4. PERSPECTIVAS PARA A ATIVIDADE LEITEIRA

De acordo com dados do Censo Agropecuário do IBGE de 2006, a produção de leite está presente em 30% das propriedades rurais de Mato Grosso; deste total, 21% estão na agricultura familiar, constituindo-se na principal fonte de renda ou alternativa em propriedades maiores. A produção de leite tem algumas características que explicam a escolha de pequenos produtores, como a facilidade de fazer frente às despesas fixas, visto que o pagamento por parte dos laticínios é mensal e demanda pouco conhecimento e tempo com a comercialização. Contudo, uma característica comum à grande maioria dos produtores é a ausência de estratégia planejada para fazer frente às dificuldades do setor. Apesar de estar passando por um processo de modernização e profissionalização, ainda é um dos setores que mais empregam, a despeito das deficiências na gestão (RESENDE, *et al.*, 2016; OLIVEIRA, 2009).

Em 2007, o governo de Mato Grosso lançou um plano estratégico de desenvolvimento da cadeia produtiva do leite no APL do Alto Paraguai, como parte de um planejamento mais abrangente, envolvendo outros arranjos produtivos estratégicos nas áreas de agronegócio e indústria. Na gestão 2010-2014, o governo lançou pela Secretaria de Estado de Desenvolvimento Rural (SEDER) novo plano, em todo o estado, com objetivos e metas voltados à promoção do desenvolvimento da cadeia produtiva do leite, com melhoria nos índices de produtividade, do rebanho leiteiro, da qualidade do leite, da modernização dos processos de industrialização e diversificação dos produtos lácteos industrializados.

A importância econômica da cadeia leiteira em Mato Grosso, principalmente nos aspectos ligados à produção e comercialização, sua interação a jusante e a montante da produção são as principais justificativas para o presente estudo. O estado apresenta condições naturais favoráveis à agricultura e pecuária, não obstante, destaca-se na produção de algumas *commodities* com amplo comércio internacional. A integração das cadeias produtivas e de valor com outros sistemas agroindustriais pode indicar um potencial de crescimento para a cadeia produtiva do leite, de forma a contribuir com o crescimento econômico.

A questão principal relaciona-se com a estrutura produtiva de leite do aglomerado do Alto Paraguai, também no sentido de compreender se o modelo de comercialização e as políticas públicas de fomento à produção atendem às condições para melhorar o desempenho da cadeia produtiva do leite. Ainda, considera-se o desdobramento em três importantes aspectos do *agrobusiness*; *i)* a análise dentro da porteira para identificar o *business* adotado pela empresa rural, *ii)* a análise do agente exógeno (políticas públicas de fomento à produção de leite) e *iii)* o impacto no agente endógeno, verificando o modelo de comercialização adotado e variações possíveis mais viáveis.

Assim, este recorte tem como objetivo avaliar a produção de leite no Aglomerado Produtivo de Alto Paraguai, com base em um modelo de gestão estratégica e análise de desempenho, utilizando o *Balanced Scorecard* (BSC). A análise socioeconômica dos fatores de produção, dos processos internos e influências externas possibilita a identificação dos principais vetores de desempenho, determinantes para elaboração da estratégia de produção e de comercialização.

O BSC utiliza indicadores para a gestão do desempenho que abrangem aspectos financeiros, da produção, da satisfação dos clientes, da aprendizagem e renovação do conhecimento. Analisa o modelo estratégico da empresa sob quatro perspectivas: *i)* financeira, *ii)* dos clientes, *iii)* dos processos internos da empresa e *iv)* aprendizagem e crescimento. Neste contexto, o BSC tem sido usado cada vez mais como ferramenta de planejamento estratégico, pois preenche uma lacuna entre o planejamento e a execução com eficácia (SANTINI JUNIOR, 2011).

Presume-se que as estratégias públicas de fomento à produção, por meio de programas, não foram implementadas na sua totalidade, devido às complexidades inerentes à gestão pública e, portanto, não conseguem cumprir as finalidades a que se propõem, uma vez que os objetivos políticos dos agentes públicos nem sempre estão alinhados com a necessidade dos diversos setores da sociedade. A descontinuidade na execução dos principais projetos, independentemente de ter sido bem ou mal elaborado, é uma consequência dessa falta de alinhamento, que desperdiça recursos e não promove melhorias, deixando a evolução do setor suportada na relação entre os agentes do mercado e a situação econômica do momento.

4.1. Gestão Estratégica

A estratégia é uma perspectiva, ou seja, apresenta-se no modo de agir de cada empresa; "é criar uma posição exclusiva e valiosa, envolvendo um diferente conjunto de atividades". "A essência do posicionamento estratégico consiste em escolher atividades diferentes daquelas dos rivais" (PORTER, 1996, p. 63). Pensando no agronegócio, busca-se um novo padrão de gestão, mais moderno e alinhado com a agroindústria e os canais de distribuição, melhorando a competitividade e os padrões gerenciais, com foco no aumento da qualidade, uma das exigências do consumidor (NANTES e SCARPELLI, 2001).

Na busca pela eficiência, a empresa deve ter um modelo de negócio que, definido a partir da sua missão e objetivos, vai nortear o seu planejamento estratégico e garantir sua continuidade ao longo do tempo (DRUCKER, 1975). Para o autor, a administração deve saber o que é a empresa e o seu negócio, um conhecimento que deve ser difundido; somente assim todos poderão colaborar para o alcance dos objetivos.

Devido à uma postura mais de fazendeiro do que de empresário rural (SANTOS; MARION; SEGATTI, 2009), a grande maioria das propriedades rurais não tem a prática de aplicar técnicas de gestão básica na administração da propriedade, mesmo tendo pessoas com nível técnico em atividades de produção (NANTES e SCARPELLI, 2001). É imperativo reverter esse quadro de gestão precária para alcançar o "aumento de produção de áreas exploradas, maior produtividade, melhor qualidade, eliminação de perdas, menores custos de transportes, menos intermediários, organização e racionalização dos custos de produção agrícola e criação de animais" (SANTOS; MARION e SEGATI, 2009, p.1).

O planejamento estratégico é uma ferramenta usada pelas indústrias, varejo, serviços de todos os portes e também por empresas rurais, com adequação às suas especificidades. Pode considerar os processos a montante, dentro e a jusante da porteira para orientar ações no intuito de atingir metas e/ou objetivos propostos. A definição de uma estratégia competitiva é, em essência, o desenvolvimento de uma fórmula ampla e relativa ao modo como uma empresa irá competir, quais deveriam ser suas metas e quais as políticas necessárias para levá-las a cabo (LERNER, 2001, p.17). Santos, Marion e Segatti (2009) abordam sobre a peculiaridade de um sistema de informações gerenciais em uma propriedade rural, tendo em vista as características do negócio, que requerem um formato próprio, diferente de outras empresas.

Drucker (1975) alerta para a necessidade de se determinar os objetivos de cada recurso da empresa, os fatores de produção (terra, mão-de-obra e capital), classificados por ele como objetivos de *marketing*[1]. De acordo com o autor, cada empresa precisa de objetivos relacionados à produtividade para cada um dos fatores de produção. Levando-se em conta que uma propriedade rural pode ter várias atividades ao mesmo tempo, como agricultura, pecuária, processamento, industrialização e armazenamento, entre outros, Porter (1989) afirma que se pode determinar várias estratégias diferentes de acordo com o objetivo de cada unidade de produção. Nesse sentido, "a gestão agroindustrial deve considerar não somente os aspectos financeiros, mas também as demais questões de grande importância para formular, reformular ou avaliar o processo administrativo, bem como, um meio para cumprir os fins produtivos sociais da empresa" (CALLADO, 2015, p.26).

No campo da análise e execução, o *Balanced ScoreCard* é uma tecnologia estratégica que permite avaliar indicadores de desempenho sob as quatro perspectivas: financeira, de clientes, de processos internos da empresa e de aprendizado e crescimento. O termo BSC pode ser traduzido como indicadores balanceados de desempenho cujo cenário demonstra "foco também em melhoria contínua de processos internos e gestão de pessoas, inovação,

---

[1]Drucker (1975) classifica as áreas geográficas (terra), de recursos humanos (mão-de-obra) e financeira (capital) igualmente como áreas de marketing. [...] "Cada uma dessas áreas, mas especialmente as áreas de recursos humanos e de capital, são "áreas de marketing". Uma empresa oferece suas oportunidades de emprego e seu investimento financeiro. O mercado de empregos e carreiras profissionais e o mercado de capitais são mercados "externos" reais, nos quais há "clientes de verdade, com expectativas, valores e necessidades" (DRUCKER, 1975, p.117).

tecnologia e aprendizado organizacional" (SANTINI JUNIOR, 2011, p. 68).

O BSC pode ser considerado um complemento para um quadro puramente financeiro e "deve refletir a estrutura da organização para a qual a estratégia foi formulada" (KAPLAN; NORTON, 1997, p. 175) cujo "objetivo predominante é maximizar os lucros de curto prazo". Essa utilidade perde o sentido no setor público, em que o alvo não é o lucro, mas sim a satisfação do contribuinte. Mesmo em empresas comerciais, "nem sempre os índices financeiros captam o que é importante" (OLVE; ROY; WETTER, 2001, p. 311), o que pode tornar a aplicação do BSC especialmente importante no setor público. Contudo, ajustes devem ser feitos e "o ponto de partida para o processo de *ScoreCard* é a missão geral da unidade, conforme definida pelo governo" (OLVE; ROY; WETTER, 2001, p. 311).

Todo BSC deve utilizar determinadas medidas genéricas, que tendem a ser indicadores de ocorrências (*lagging indicators*), como lucratividade, participação de mercado, satisfação de clientes; são medidas comuns de muitas estratégias essenciais para acompanhamento dos resultados. Entretanto, as medidas de desempenho não são insuficientes para o BSC e precisam ser combinadas com os vetores de desempenho ou indicadores de tendências (*leading indicators*), específicos de cada unidade de negócio. Refletem a singularidade da estratégia e comunicam como os resultados devem ser alcançados, como por exemplo, tempos de ciclo, taxas de defeitos de peças, introdução em novos mercados, dentre outros. Um BSC adequado e eficiente deve combinar medidas de desempenho (*lagging indicators*) e vetores de desempenho (*leading indicators*) (KAPLAN; NORTON, 2004).

Para resolver o *gap* existente entre a concepção do BSC, da estratégia e sua execução, a empresa precisa envolver e dar conhecimento completo de seus objetivos para os indivíduos. Kaplan e Norton (2004) elaboraram os mapas estratégicos, que são representações visuais da integração dos objetivos nas perspectivas do BSC e que ilustram as relações de causa e efeito capazes de promover os resultados almejados. Sua representação visual ajuda a criar uma perspectiva de futuro e o sentimento de destino compartilhado na organização, promovendo uma identidade na cultura organizacional da empresa (GIBBONS; KAPLAN, 2015).

Devido à complexidade do BSC, a propriedade terá ainda dois importantes desafios: primeiro, deverá estabelecer um programa de educação continuada para, diante dos diferentes perfis de pessoas, melhorar a compreensão dos processos, aumentando suas possibilidades de colaboração efetiva. Em seguida, deverá estimular a participação e a mudança da cultura organizacional para estabelecer novos paradigmas, acompanhado de um sistema de recompensas e remuneração, atrelado à contemplação dos objetivos estratégicos (HERRERO FILHO, 2005).

4.2. Aspectos Metodológicos

Conforme referenciado, a coleta de dados foi realizada no Aglomerado Produtivo de Leite do Alto Paraguai (Figura 3) que, de acordo com Faria *et al.* (2009, p.78) é um dos dez arranjos produtivos locais prioritários para Mato Grosso. A região que compreende o território foi inicialmente explorada por garimpeiros no Séc. XVII, em busca de pedras preciosas e ouro, também em novo ciclo do ouro, a partir de 1938. Além do leite, o aglomerado produtivo tem como principais fontes de faturamento a soja, o milho e a cana de açúcar, esta última, nos municípios de Arenápolis, Denise, Santo Afonso e Tangará da Serra. A região conta ainda com três laticínios que absorvem a produção local, localizados em Nova Marilândia, município vizinho a Santo Afonso, onde também há um laticínio, além de Tangará da Serra.

A opção pela região em questão é reforçada pelos resultados de estudos prévios, desenvolvidos com base na concepção de Arranjos Produtivos Locais, promovidos pelo Banco Nacional de Desenvolvimento Econômico e Social (BNDES)[2], em parceria com a Universidade Federal de Mato Grosso (UFMT). Também, porque se

---

[2] Em agosto de 2004 foi instalado o Grupo de Trabalho Permanente para Arranjos Produtivos Locais - GTP APL, por Portaria Interministerial nº 200, de 03/08/2004, envolvendo 23 instituições, com o apoio de uma Secretaria Técnica, lotada na estrutura organizacional do MDIC, com o objetivo de adotar uma metodologia de apoio integrado a Arranjos Produtivos Locais, com base na articulação de ações governamentais.

trata de um arranjo produtivo registrado junto ao GTP-APL Nacional, apoiado pelo Ministério do Desenvolvimento, Indústria e Comércio Exterior (MDIC). Ainda, tal condição poderia esclarecer algumas questões prévias e problemas já superados pela atividade, algo que permite ganho de tempo e de qualidade na pesquisa.

Figura 3. Municípios do APL do Alto Paraguai (2017).

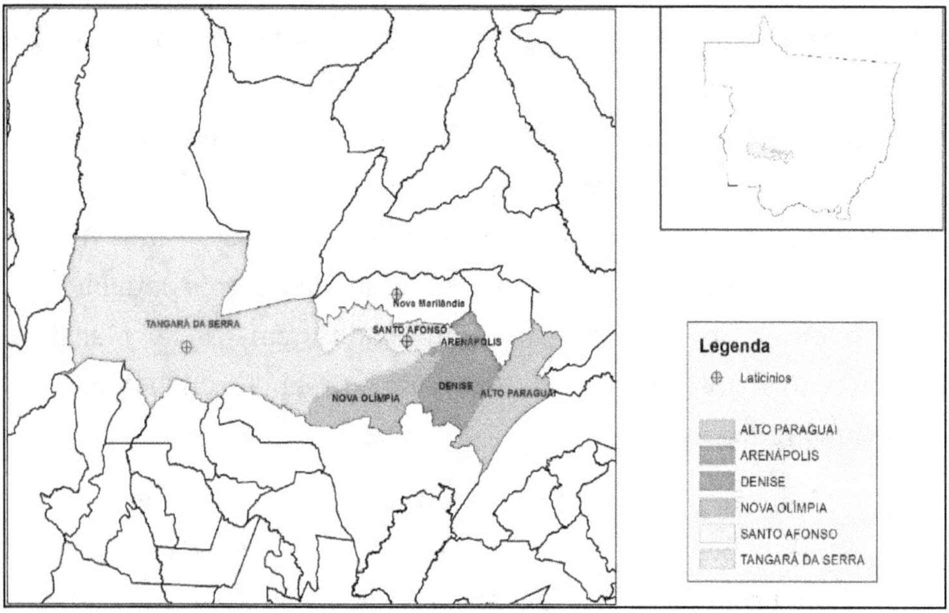

Fonte: IBGE, 2017.

A pesquisa *in loco* compilou informações acerca dos fatores de produção existentes, da estrutura disponível nas propriedades, dos valores financeiros envolvidos na produção de leite, das rotinas de manejo e alimentação do gado leiteiro, além das formas de comercialização praticadas e das estruturas de apoio institucional existentes na região (sindicatos, instituições de fomento e de assistência técnica). Para este levantamento foi utilizado um questionário estruturado, com perguntas abertas e fechadas, dividido em cinco partes. A primeira aborda o perfil socioeconômico dos produtores de leite e as demais partes contemplam informações das cadeias de operações, de comércio e de valor, divididos de acordo com as quatro perspectivas do BSC.

Ainda por conta do BSC, as questões abertas não visam identificar uma opinião ou percepção por parte do entrevistado, mas tão somente que o mesmo aponte de forma direta o item perguntado para posterior interpretação. Além do perfil socioeconômico foram identificados também aspectos sobre o bem-estar do produtor e sobre os fatores de produção existentes na propriedade, divididos em 5 grupos de perguntas: 1) Identificação (Perfil socioeconômico e aspectos de bem-estar), 2) Perspectiva do cliente, 3) Processos internos, 4) Perspectiva financeira e 5) Dimensão de aprendizado.

O próximo passo foi a realização de uma pesquisa documental, com a finalidade de coletar informações em instituições e órgãos públicos sobre programas e projetos voltados para a cadeia produtiva do leite da região do Alto Paraguai, local do estudo. Sua perspectiva visa identificar objetivos e metas estratégicas para o setor do leite, determinados pelo governo de Mato Grosso, preferencialmente para a região de estudo. Tratam-se de informações importantes para a elaboração de um modelo com uma estratégia mais adequada para a atividade.

Conforme registrado, a Região do Alto Paraguai conta com, aproximadamente, 650 produtores de leite distribuídos entre os municípios relacionados (FARIA *et. al.*, 2009). Devido ao expressivo número e à dificuldade de acesso a alguns produtores, foi necessário utilizar a técnica de amostragem probabilística, conforme descrito no capítulo anterior. Para apresentação dos resultados sobre os níveis de renda, considerou-se as faixas expostas no Quadro 1:

Quadro 1. Faixas de Renda.

Salário mínimo (2016) R$ 880,00	
A	Mais de 15
B	Mais de 5 até 15
C	Mais de 3 até 5
D	Mais de 1 até 3
E	Até 1

Fonte: ABEP (2016), BRASIL (2016), IBGE (2016) DATOSMARKETING (2016) IBOPE (2016) e DIEESE (2016)

Essa definição corresponde às faixas de renda elaborada a partir de pesquisa feita nos sites do IBGE (2016), BRASIL (2016), ABEP (2016), IBOPE (2016) e DATAMARKETING (2016), além de pesquisas a outros sites relacionados ao tema. Constatou-se que, a partir de 2012, o governo não define mais classes sociais, mas sim faixas de renda. O critério utilizado neste estudo ficou mais próximo da classificação utilizada pelo IBGE e pelas empresas de pesquisa. O valor de referência utilizado foi o salário mínimo de 2016 (R$880,00), encontrado em DIEESE (2016), período em que foi realizada a pesquisa.

A metodologia empregada para elaborar um modelo de avaliação e gestão da estratégia contempla a utilização do *Balanced Scorecard*, com a gestão do desempenho abrangendo aspectos da produção, da satisfação dos produtores de leite, da aprendizagem e renovação do conhecimento. Neste contexto, o BSC foi usado como ferramenta de planejamento estratégico para as propriedades, na hipótese de preencher a lacuna entre o planejamento e a execução com eficácia.

4.3. O Arranjo Sistêmico

A análise das informações acerca dos principais programas de desenvolvimento para o setor de leite, em Mato Grosso, indica uma meta e objetivos a serem alcançados que contemplam os propósitos identificados na pesquisa. A meta consiste em triplicar a produção de leite em cinco anos e os objetivos são: *i)* aumento da produção e da produtividade e *ii)* disseminação do uso de práticas de gestão de forma sistemática, semelhante às praticadas por empresas de varejo, ou mesmo a indústria, respeitadas as especificidades de uma propriedade rural

A dinâmica proposta ao se elaborar este BSC contempla a meta e os objetivos sugeridos, devidamente definidos como norteadores e estratégicos. Considera-se que o aglomerado produtivo é composto por centenas de produtores rurais de leite, constituindo-se em uma estrutura diferente de uma unidade de negócios comercial. Dessa forma, a perspectiva financeira deixa então de ser a expectativa final, que concatena as demais, sendo substituída pela perspectiva do cliente, que neste caso, são os produtores de leite.

Figura 4. Dinâmica das Perspectivas de Causa e Efeito do BSC.

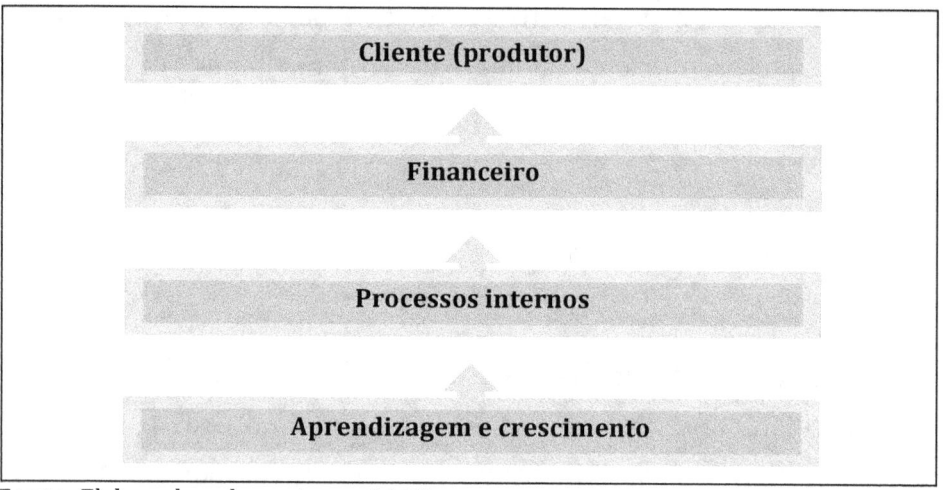

Fonte: Elaborado pelos autores, 2017.

Caso o BSC fosse aplicado a uma única unidade rural, o cliente seria o comprador dos produtos, como por exemplo, o laticínio; no entanto a característica, neste caso, é aplicar a estratégia de programas públicos aos produtores, a partir de então, definidos como clientes. A contemplação dessas metas, nas demais perspectivas, permitirão atingir os objetivos estratégicos definidos para os produtores, tanto no BSC quanto nos planos governamentais. A Figura 4 representa graficamente a dinâmica adotada e o Quadro 2 apresenta o mapa estratégico do BSC.

De acordo com esta nova dinâmica e a análise dos dados coletados, foram elencados os principais pontos, determinados aqui como Pontos Críticos. Esses pontos foram agrupados de acordo com cada perspectiva do BSC, que segue a dinâmica proposta na Figura 5. A etapa seguinte contempla os objetivos estratégicos de cada perspectiva, considerados como premissa para definição de cada objetivo, os pontos críticos elencados.

Na sequência define-se os *ScoreCards*, ou seja, as medidas de desempenho que serão utilizadas para o acompanhamento e a mensuração da eficiência da estratégia. Por fim, são estabelecidos os vetores de desempenho (táticas), também identificados como ações necessárias a serem realizadas para alcançar os objetivos definidos na estratégia.

Nem todas as propriedades conseguiriam implantar as estratégias propostas, que fazem parte do planejamento geral para o aglomerado produtivo. Como já mencionado, a implantação das estratégias deve levar em consideração os fatores de produção disponíveis em cada propriedade, além do perfil de cada produtor, a disposição de cada um para controlar mais ou menos atividades e a capacidade de lidar com questões complexas. O comprometimento do produtor com os objetivos propostos é fundamental para o sucesso da execução da estratégia. Culturalmente, o produtor rural é arredio às interferências externas e não adere muito a cursos, treinamentos e capacitações. Será necessária alguma técnica de convencimento para que o produtor se sinta envolvido no processo.

Quadro 2. Detalhamento do Mapa Estratégico do BSC.

PONTOS CRÍTICOS	PERSPECTIVAS BSC OBJETIVOS	SCORECARDS	VETORES DE DESEMPENHO
• Renda baixa • 78,9% não têm folga semanal	**Cliente** • Melhoria do bem-estar do produtor e família	• Renda (R$) • Produtores que gozam de descanso semanal (%) • Produtores que gozam de férias (%)	• Técnicas de administração e planejamento rural • *Benchmarking* (visitas técnicas)

• Margem de lucro (média) muito baixa, apenas 14,7%
• Menos de 20% dos produtores fazem algum tipo de controle financeiro
	Financeiro
	
	• Aumento da renda
		• Faturamento (R$)
		• Custos (R$)
		• Margem de contribuição (%)
		• Lucro
			• Controles financeiros simplificados:
			  o Custos/despesas
			  o Vendas
			  o Fluxo de caixa
			  o Contas a pagar/receber

• 20% não estudaram e 33% completaram o ensino primário • Apenas 10,5% participa ou promove algum tipo de treinamento	**Aprendizagem e crescimento** • Capacitar o produtor para executar controles básicos de administração • Estimular o empreendedorismo	• Novas competências (quantidade) • Novos produtos desenvolvidos (quantidade) • Aumento do valor agregado (%, R$) • Cursos, concluídos e participação em treinamentos, encontros, visitas técnicas, etc. (horas)	• Conscientização sobre a necessidade de as iniciativas gerarem resultados • Orientar os produtores sobre a importância da qualidade e os meios de contaminação na coleta • Realizar cursos, palestras, treinamentos a partir de alianças com instituições como SEBRAE, SENAI, SENAR, faculdades, etc, para realização.

PONTOS CRÍTICOS	PERSPECTIVAS BSC OBJETIVOS	*SCORECARDS*	VETORES DE DESEMPENHO
• Taxa de lactação de apenas 38%, sendo que o ideal é por volta de 80%, segundo a EMBRAPA • 1/37 touros/vaca, a EMBRAPA recomenda entre 1/25 e 1/30 para monta a campo • 91% dos produtores vendem para o laticínio • Apenas 39,5% fazem seleção genética para melhoramento do plantel • Apenas 16% fazem inseminação artificial • Apenas 32% possuem ordenhadeira • Apenas 28,9% possuem curral com divisões • Apenas 61% possuem barracão coberto	**Processos internos** • Aumento dos indicadores de produção e produtividade • Melhoria dos índices zootécnicos • Melhora dos índices de qualidade do leite, de acordo com a instrução normativa 62 do MAPA • Diversificação de produtos lácteos	• Faturamento entre canais de venda • Produtos novos (quantidade) • Taxa de lactação • Relação touro/vaca • Produção (quantidade) e produtividade animal • Produção por hectare (quantidade) • Taxa de natalidade • Diferença do faturamento de leite no período das águas e da seca • Volumosos para seca (hectare) • Propriedades com instalações adequadas (quantidade) • Qualidade do leite (De acordo com as instruções normativas 62 do MAPA) • Planilha com registro de ocorrências (diarreias, micoses, vacinações, carrapato, berne, mosca do chifre, etc) • Planilha com registro de índices zootécnicos	• Fabricar derivados de leite com valor agregado • Buscar novos canais de venda como alternativa ao laticínio • Promover a reforma, recuperação e manejo das pastagens e a produção de alimentos volumosos para a seca • Facilitar aos produtores de leite o melhoramento genético de seus rebanhos, através da utilização de técnicas de inseminação artificial • Introduzir controle de intervalo entre partos, idade da primeira cria, fertilidade das vacas e período de lactação • Introduzir melhorias nas técnicas de ordenha, no armazenamento e resfriamento do leite • Introduzir técnicas de manejo alimentar e nutricional do rebanho • Instalações adequadas • Difundir a importância de controle da qualidade do leite • Difundir a prática do manejo sanitário • Introduzir o controle de índices zootécnicos

Fonte: Elaborado pelos autores com base nos dados da pesquisa, 2017.

O mapeamento das iniciativas e atividades propostas suscitarão um "plano global de implementação, que incluirá o método de comunicação do cenário a todas as pessoas, a integração à filosofia gerencial e os sistemas de informação de suporte à implementação do cenário balanceado"[3] (CAMPOS, 1998, p.142). Após essas etapas, Kaplan e Norton (1997) justificam a necessidade do modelo gráfico que explique como os indicadores se inter-relacionam dentro de uma perspectiva e entre as perspectivas. Ainda, revisões periódicas devem ser agendadas a cada mês, trimestre ou semestre para análise da necessidade, ou não, de correção de rota na execução da estratégia.

A implementação do BSC deve considerar a utilização das técnicas de administração como o PDCA, 5W2S (Plano de Ação), diagrama de Ishikawa, diagrama de Pareto, *Brainstorming*, fluxograma, 5S, Seis Sigma, *Benchmarking*, entre outros, na medida em que se apresentarem necessários. Essas técnicas devem ser utilizadas junto ao produtor no processo de apoio e assistência técnica, ensinadas de forma planejada e gradual.

O processo de desenvolvimento da atividade leiteira nas propriedades do aglomerado produtivo vai depender de um programa de educação continuada, para melhorar a compreensão dos processos e possibilitar o crescimento, a partir dos próprios produtores, de forma perene e não apenas durante a implantação de um programa.

---

[3] Campos (1998) define o termo "cenário balanceado" em uma tradução livre de *Balanced Scorecard*.

Figura 5. Mapa Estratégico nas Perspectivas do BSC.

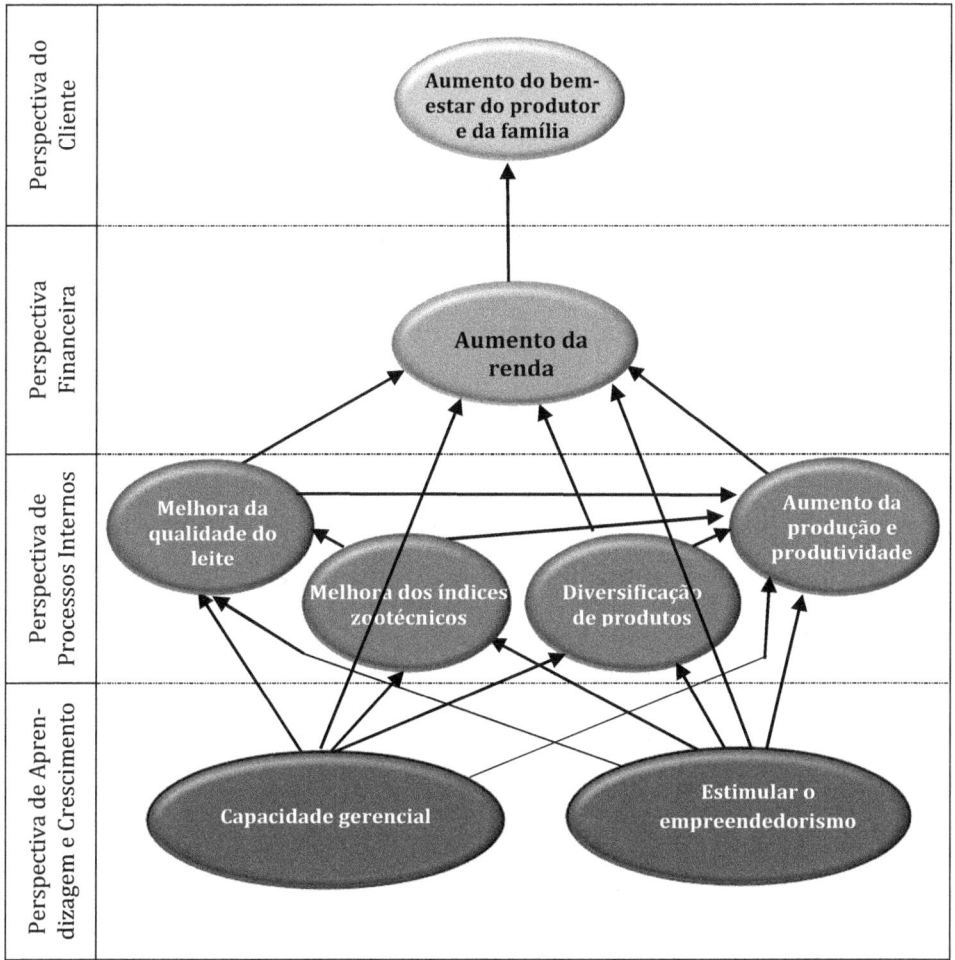

Fonte: Elaborado pelos autores com base nos dados da pesquisa, 2017.

Essa mudança vai colaborar para a transformação cultural, implantando novos paradigmas em um processo empírico de desenvolvimento cognitivo individual e coletivo. No entanto, a condição dos produtores de leite não lhes permite a condução desse processo, cabendo aos demais agentes promover ações, como as já planejadas e apresentadas neste trabalho, para o desenvolvimento da produção de leite.

Programas bem-sucedidos, como o Balde Cheio da Embrapa, devem servir de exemplo e podem ser multiplicados. No entanto, como o resultado da pesquisa revela, as políticas públicas carecem de continuidade e nenhum dos programas desenvolvidos mensurou os resultados, nem mesmo foi possível identificar seu encerramento. Faz-se necessário a organização e participação efetiva de mais atores na cadeia produtiva do leite em Mato Grosso, como o SINDILAT, SENAR, SEBRAE, FIEMT, EMBRAPA, laticínios e instituições de ensino, compondo um tecido social em torno do setor capaz de dar perenidade ao seu desenvolvimento. A participação efetiva dessas instituições tende a difundir o conhecimento, por meio de sua capacidade de promoção e disseminação já conhecidas.

A dinâmica de planejamento e tomada de decisão dessas instituições não é determinada pelo governo do momento, muitas vezes, mais preocupado em apresentar um "rótulo" do que a condução de um planejamento sistemático, a partir de pesquisas e leitura do cenário atual e futuro. A confiança dos produtores nessas instituições também é maior do que em programas de governo, por vezes, já descreditados, o que dificulta a aderência por parte do produtor.

Qualquer planejamento deve considerar um horizonte de longo prazo, para sedimentação de novas práticas por parte dos produtores. É mister entender que será necessária uma mudança cultural, que pode levar mais de uma geração para se concretizar. Ao se considerar que correntes políticas se alternam no comando dos governos, mudando não apenas o rótulo do programa, mas toda sua sistemática, a condução desse processo, em parte, poderia ficar a cargo das referidas instituições.

A estrutura de produção existente nas propriedades não atende as condições necessárias para proporcionar produtividade e produção elevadas. Esse resultado é consequência de um sistema que não utiliza técnicas de manejo e os fatores de produção minimamente necessários. As análises dos resultados da pesquisa confirmam essa hipótese, desde a estrutura básica, como no caso do barracão coberto, até ao uso de tecnologia mais avançadas, como por exemplo, a ordenhadeira, utilizada por uma pequena parcela dos produtores. Associado a isso, também ocorre baixa utilização de técnicas de manejo do pasto e da dieta alimentar, definida apenas com base no próprio conhecimento, sem qualquer apoio técnico. Em decorrência, a baixa produtividade diminui as margens do produtor, que limita ou até mesmo impossibilita investimentos em estrutura e tecnologia.

De acordo com a cultura de produção identificada e o perfil socioeconômico dos produtores, a eficiência das políticas públicas de apoio e fomento será fundamental para promover o desenvolvimento da cadeia produtiva do leite no aglomerado. Contudo, para tornar esses programas de fomento realmente efetivos é necessária a continuidade, independentemente do governo. A otimização na utilização dos recursos vai possibilitar a geração de valor ao longo da cadeia produtiva. A transformação do capital humano em estrutural possibilitará a geração de valor econômico na propriedade, percebido pelo cliente, de modo a rentabilizar o negócio. Isso é fundamental para a melhoria da qualidade de vida dos produtores e a manutenção do interesse em continuar na atividade, uma vez que propiciará algum bem-estar para sua família.

5. CONSIDERAÇÕES FINAIS

Os resultados apresentados pela pesquisa disponibilizam informações importantes acerca dos fatores responsáveis pelas atuais condições do mercado leiteiro de Mato Grosso, bem como, a possibilidade de visualizar tendências relacionadas ao preço e ao abastecimento de leite nos próximos anos. A possibilidade de avaliar o comportamento e a significância das principais categorias econômicas pode auxiliar o setor produtivo a organizar-se e melhorar sua infraestrutura, que este importante mercado necessita, tendo em vista sua contribuição para a segurança alimentar. Identifica-se uma probabilidade mais qualificada no sentido de contribuir com a produção e distribuição de leite e derivados, além da efetivação de políticas institucionais, voltadas ao desenvolvimento local e ao fortalecimento da cadeia produtiva do leite.

No primeiro recorte, o modelo revelou que o consumo possui uma correlação positiva e significativa à produção de leite em Mato Grosso, apesar de uma parcela significativa de leite ser adquirido de outros estados. O aumento do consumo ocorre, sobretudo, em virtude da elevação do nível de renda, no entanto, o aumento da produção não foi suficiente para diminuir a dependência do produto exógeno, nem mesmo para atrair as principais marcas para o setor produtivo no estado, as mesmas que atuam somente no varejo.

Ao se inverter a variável dependente, o modelo revelou que a produção de leite em Mato Grosso não apresenta significância em relação ao consumo, ou seja, as preferências dos consumidores locais não são afetadas pela produção local. Trata-se de um comportamento compreensível, tendo em vista que quase a metade de tudo que é consumido de laticínios é adquirido fora do estado, fornecido por marcas já consolidadas no varejo nacional.

O comportamento dos preços no mercado mato-grossense tem se apresentado como um fator desestimulante sob todos os aspectos. Apresenta-se extremamente elevado no comércio varejista, quando comparado às principais regiões produtoras do Brasil, ao mesmo tempo em que é baixo quando do pagamento ao produtor. O estudo identificou, neste quesito, que não há estímulo à produção, inclusive os produtores operam com preços reais decrescentes, contrariamente ao caso do consumo, em que o preço é significativo. Uma diminuição dos preços estimularia o consumo, no entanto, não há essa perspectiva enquanto o suprimento de laticínios for realizado com base nas principais marcas, adquiridas fora de Mato Grosso. Neste caso, ainda há o agravante da infraestrutura de logística, em que o frete automaticamente encarece os produtos.

Outro aspecto importante revelado pelo painel de dados está relacionado à produtividade e ao número de animais ordenhados. A produtividade é considerada importante para a produção de leite, mas é natural que seu aumento fosse ínfimo ao longo do período estudado e, em virtude destes aspectos, credita-se o aumento da produção ao aumento do número de vacas ordenhadas. Certamente, não se trata da situação ideal e, por isso, uma política de inserção tecnológica dentro da porteira é de fundamental importância para tornar relevante a atividade em Mato Grosso.

Destarte, a incapacidade da pecuária leiteira local em prover o abastecimento é o principal gargalo relacionado à atual condição de mercado. A necessidade de se ampliar a produção de leite é expressiva, no entanto, a reestruturação da cadeia é fundamental, caso contrário o hiato entre o preço no varejo e o preço dentro da porteira não irá diminuir. A política para o setor precisa encontrar alguma maneira de estimular as grandes marcas a investirem na produção em Mato Grosso; algo difícil, pois depende da reestruturação das propriedades e da incorporação de tecnologia e melhoramento genético ao processo produtivo. Sem gerar a escala de produção adequada, o setor produtivo continuará inexpressivo e o mercado permanecerá refém dos produtos exógenos.

O estudo mais detalhado da produção de leite no Aglomerado Produtivo de Alto Paraguai confirma o que os dados estaduais atestam para a atividade. A primeira observação consiste no fato de que a atividade se encontra equilibrada em sua estrutura, independente do estágio incipiente. Trata-se de um elemento importante que requer atenção, uma vez que o aglomerado já recebeu aporte financeiro e técnico, contudo, não apresenta pontos de insatisfação em relação a sua atual condição.

Quanto ao sistema produtivo, alguns problemas se apresentaram de forma clara, como por exemplo, o da produção de leite. Com carga fatorial abaixo da média, mais próxima a mínima desejada, trata-se de uma categoria limitada à capacidade do aglomerado, com agravantes ligados, na maioria dos casos, à gestão. Disso reflete o baixo índice de ordenhas diárias para uma atividade que comprovadamente exige o mínimo de duas e já recomenda até três ordenhas por dia, com incremento de até 65%, considerando uma genética animal superior. Associado a esse problema, a gestão do sistema reprodutivo dos animais também não é eficiente, pois apenas

16% dos produtores usam a técnica de inseminação; os demais mantêm reprodutores entre os animais, o que inviabiliza qualquer planejamento eficiente, limitando a 38% a parcela de animais em lactação. Ainda, a média diária de litros de leite por animal é consideravelmente baixa, o que não poderia ser diferente.

Também, por apresentar uma característica familiar, apenas um terço das propriedades possui ordenhadeira mecânica, no entanto, a dinâmica produtiva limitada permite que, mesmo assim, o nível de fadiga seja relativamente baixo para uma atividade intensiva em trabalho. A análise ainda revelou que, mesmo com esse gerenciamento limitado, mais da metade dos produtores informaram que conseguem tirar férias anuais, sendo que apenas 18% possuem funcionários. Uma evidência de que a atividade não recebe a atenção necessária para seu adequado funcionamento, o que impossibilita atingir os níveis de eficiência desejado no curto e médio prazo.

Outra informação importante revelada pela pesquisa está relacionada com a baixa capacidade gerencial e produtiva, que remete a ausência de escala e qualidade do leite. As principais marcas encontram-se ausentes do setor produtivo em Mato Grosso, algo que poderia ter um lado positivo, com a consolidação dos laticínios regionais, no entanto, uma das principais consequências desta combinação é o baixo preço pago pelo litro de leite ao produtor, pois necessita ser inferior ao das principais marcas no varejo para ter acesso aos melhores mercados. Com isso, o impacto negativo na renda do produtor força-o a buscar alternativas, algo já indicado pelos gastos médios com combustíveis, o que pode transformar a pecuária leiteira em uma atividade secundária, como identificado pela pesquisa em muitas propriedades. Apesar do problema com o preço, o fator mercado apresenta os melhores indicadores da atividade, ao considerar a presença de sete laticínios na região, cujo principal reflexo é o pagamento em dia em quase todos os casos.

Outros dois elementos importantes também são contemplados pelas propriedades: água em condições adequadas e disponibilidade de pastagem, além de silagem para complementação alimentar dos animais. Também é disponibilizada ração e sal mineral, um procedimento correto e necessário para a atividade, entretanto, que não surte os efeitos esperados em virtude da baixa genética animal. O controle financeiro, que poderia revelar este problema, é incipiente e realizado por apenas 19% dos produtores.

A análise dos resultados da pesquisa também permitiu identificar os vetores de desempenho e seus respectivos indicadores de resultados. A estrutura de produção disponível aos produtores revela um estado de pobreza que inviabiliza o desenvolvimento do setor, caso o mesmo não receba ajuda institucional, por intermeio de programas de fomento à produção. As propriedades rurais precisam aumentar sua eficiência diante das constantes diminuições nas margens de lucro do leite. Aumentar a eficiência dentro da porteira é fundamental para conseguir rentabilizar o negócio; o produtor precisa lançar mão de técnicas administrativas comuns a empresas em geral.

A pesquisa revela também a necessidade de adoção de técnicas de manejo, tanto para os animais quanto para o pasto e alimentação destes. Os produtores manejam as vacas entre os pastos de acordo com a altura do capim, no entanto, há técnicas de rotacionamento que melhoram a qualidade das pastagens. O capim predominantemente utilizado *(Brachiara)* também não é ideal para vaca leiteira, sendo que os produtores que complementam a alimentação com silagem obtiveram os melhores resultados em propriedades menores.

Outra hipótese considerada consiste no fato de que os programas de governo, voltados para o fomento da atividade leiteira, não produzem os resultados propostos. Desde a sua elaboração são envolvidas várias áreas da administração pública, exigindo uma sinergia que dificulta a execução eficiente dos mesmos. O resultado da pesquisa ainda evidencia a necessidade de o produtor adquirir conhecimentos de gestão e planejamento, não apenas pelos baixos níveis de escolaridade, mas também porque a estrutura de produção do aglomerado não possibilita atingir níveis satisfatórios de produção e produtividade. A baixa tecnificação e práticas arcaicas de produção resultam em baixos ganhos financeiros. Os dados da pesquisa revelam, portanto, a necessidade de adoção de práticas administrativas, técnicas de produção e manejo que efetivamente resultem no aumento da produção e produtividade, como condição para melhorar a renda e bem-estar do produtor. Contudo, a baixa escolaridade e conhecimento técnico pode ser um fator restritivo para a adoção de tais práticas.

O atual retrato socioeconômico do setor não incentiva a permanência dos descendentes na produção de leite. São problemas relativamente complexos e de difícil solução, ao considerar o fato da maioria dos produtores não possuir nível de instrução adequada. Trata-se de um caso em que a definição ou a seleção de estratégias realmente não é uma tarefa que possa ser realizada apenas pela experiência destes produtores na atividade. Ainda, a ausência de assistência técnica torna o processo mais difícil, concretizando mais um fator limitante para o desenvolvimento da atividade em Mato Grosso. Contudo, a pecuária leiteira mantém um fluxo médio de renda considerável entre as propriedades e cumpre um papel importante para a seguridade alimentar das famílias no estado.

6. BIBLIOGRAFIA

ANDRADE, G. M. (1985). *Estatística Geral Aplicada*. 2 Ed. São Paulo: Atlas.

BLANCHARD, O. (2011). *Macroeconomia*. 5 Ed. São Paulo: Pearson Education.

CALLADO, A. A. C. (2015). *Agronegócio*. 4 Ed. São Paulo: Atlas.

CAMPOS, J. A. (1998). *Cenário Balanceado: painel de indicadores para gestão estratégica dos negócios*. São Paulo: Aquariana.

CARIO, S. A. F. (1995). Contribuição do Paradigma Microdinâmico Neoschumpeteriano à Teoria Econômica Contemporânea. Florianópolis: *Textos de Economia*, p.155-170.

DALLEMOLE, D.; FARIA, A. M. M.; ZAVALA, A. A. Z.; FIGUEIREDO, M.G.; RIBEIRO, A. R.; FERREIRA, H. M. L. (2014). *A Copa do Pantanal: desafios e oportunidades para 2014*. Cuiabá: SECOPA/UFMT.

DRUCKER, P. F. (1975). *Administração, Tarefas, Responsabilidades, Práticas*. São Paulo: Pioneira.

FARIA, A. M. M.; DALLEMOLE, D.; LAMERA, J. A.; LEITE, S. C. F. (2009). *Arranjos Produtivos Locais no Estado de Mato Grosso: mapeamento, metodologia de identificação e critérios de seleção para políticas de apoio*. Cuiabá: UFMT/FUNPEC/BNDES. Disponível em: <www.poli ticaaplsredesist.ie.ufrj.br>. Acesso em 20 abr. 2014.

FURESI, R.; MADAU, F. A.; PULINA, P. (2016). Neither Brakes Nor Umbrellas: Efficiency and Productivity in European Dairy Farms During the Milk Quota System Phasing Out. *Rivista di Economia Agraria*, v. 71, n. 1, p. 97-99.

GIBBONS, R.; KAPLAN, R. S. (2015). Formal Measures in Informal Management: Can a Balanced Scorecard Change a Culture? *American Economic Review,* n. 5, p. 447-451.

GREENE, W. H. (2003). *Econometric Analysis.* 5. Ed. Singapore: Pearson Education.

GUIMARÃES, E. P. (2001). *Uma Avaliação Retrospectiva da Política de Exportação no Brasil.* Disponível em: <http://www.ie.ufrj.br/ecex/h_v1n1.htm>. Acesso em: 10 jul. 2001.

HAIR, J. F.; BLACK, W. C.; BABIN, B. J.; ANDERSON, R. E.; TATHAM, R. L. (2006). *Multivariate Data Analysis.* Upper Saddle River: Pearson/Prentice Hall.

HERRERO FILHO, E. (2005). *Balanced Scorecard e a Gestão Estratégica: uma abordagem prática.* Rio de Janeiro: Elsevier.

HILL, R. C.; GRIFFITHS, W. E.; LIM, G. C. (2012). *Principles of Econometrics,* 4 Ed. Hoboken: Wiley.

HSIAO, C. (2003). *Analysis of Panel Data.* 2 Ed. Cambridge: University Press.

IBGE, (2016). *Sistema IBGE de Recuperação Automática.* Disponível em: <http://www.sidra. ibge.gov.br/>. Acesso em: 14 out. 2016.

KAPLAN, R. S.; NORTON, D. P. (2004). *Mapas Estratégicos–Balanced Scorecard: convertendo ativos intangíveis em resultados tangíveis.* Rio de Janeiro: Elsevier.

KAPLAN, R. S., NORTON, D. P. (1997). *A Estratégia em Ação, Balanced Scorecard.* Rio de Janeiro: Campus.

KLEVMARKEN, N. A. (1989). Introduction: panel studies. *European Economic Review*, v. 33, n. 2-3, p. 523-529.

LERNER, W. (2001). *Como Planejar e Organizar Negócios Competitivos*. São Paulo: Pioneira Thompson Learning.

LOUREIRO, A. O. F.; COSTA, L. O. (2009). *Uma Breve Discussão Sobre os Modelos com Dados em Painel*. Ceará: IPECE.

MALTHUS, T. R. (1996) *Ensaio Sobre a População*. São Paulo: Nova Cultural (Coleção Os Economistas).

MARQUES, L. D. (2012). *Modelos Dinâmicos com Dados em Painel: revisão de literatura*. Disponível em: <http://wps.fep.up.pt/wps/wp100.pdf>. Acesso em: 10 out. 2012.

MINGOTI, S. A. (2005). *Análise de Dados Através de Métodos de Estatística Multivariada*. Belo Horizonte: UFMG.

NANTES, J. F. D.; SCARPELLI, M. (2001). Gestão da Produção Rural no Agronegócio. In: BATALHA, M. O. (Coord.) *Gestão Agroindustrial*. São Paulo: Atlas.

OLIVEIRA, W. X. (2009). *Análises de Índices e Indicadores da Atividade Leiteira: estudo de caso da pecuária leiteira brasileira*. 120f. Dissertação (Mestrado em Gestão de Empresas) - Instituto Superior de Ciências do Trabalho e da Empresa, Juiz de Fora.

OLVE, N.; ROY, J.; WETTER, M. (2001). *Condutores da Performance: um guia prático para o uso do Balanced Scorecard*. Rio de Janeiro: Qualitymark Ed.

PASTRANA, M. E. O.; SOCARRAS, T. J. O.; HADDAD, J. P. A. (2016). Avaliação de uma Nova Metodologia para a Representação da Pecuária no Brasil. *Arq. Bras. Med. Vet. Zootec.* v. 68, n. 6, p. 1681-1689.

PINDYCK, R. S.; RUBINFELD, D. L. (2010). *Microeconomia*. 7 Ed. São Paulo: Prentice Hall.

PORTER, M. (1996). *Competição: estratégias competitivas essenciais*. Rio de Janeiro: Campus.

PORTER, M. (1989). *Vantagem Competitiva: criando e sustentando um desempenho superior*. Rio de Janeiro: Campus.

RESENDE, J. C.; FREITAS, A. F.; PEREIRA, R. A. N.; SILVA, H. C. M.; PEREIRA, M. N. (2016). Determinantes de Lucratividade em Fazendas Leiteiras de Minas Gerais. *Arq. Bras. Med. Vet. Zootec.* v. 68, n. 4, p. 1053-1061.

SANTANA, A. C. (2007). Índice de Desempenho Competitivo das Empresas de Polpa de Frutas do Estado do Pará. *Revista de Economia e Sociologia Rural*, v. 45, n. 3, 749-775.

SANTINI JUNIOR, N.; ALMEIDA, S. R. (2011). *Princípios e Ferramentas da Estratégia Empresarial*. São Paulo: Atlas.

SANTOS, G. J.; MARION, J. C.; SEGATTI, S. (2009). *Administração de Custos na Agropecuária*. 4 Ed. São Paulo: Atlas.

SPEARMAN, C. (1904). General Intelligence, Objectively Determined and Measured. *American Journal of Psychology*, v. 15, n. 2, p. 201-292.

STOCK, J. H.; WATSON, M. W. (2006). *Introduction to Econometrics*. 2 Ed. Boston: Addison-Wesley.

STOCK, L. A.; CARNEIRO, A.V.; TESTA, V. M.; PESSOA, N. S. (2008). Proposição de Mudanças e Viabilidade de Sistemas de Produção de Leite Familiar. In: *Minas Leite, Sustentabilidade da Produção de Leite na Agricultura Familiar (Anais)*. Juiz de Fora: Embrapa Gado de Leite.

THURSTONE, L. L. (1935). *The Vector of Mind: multiple factor analysis for the isolation of primary traits.* Chicago: University of Chicago.

ZELLER, R. A; CARMINES, E. G. (1980). *Measurement in the Social Sciences: the link between theory and data.* Cambridge: Cambridge University Press.

www.ingramcontent.com/pod-product-compliance
Lightning Source LLC
Chambersburg PA
CBHW051328220526
45468CB00004B/1550